THÈSE POUR LE DOCTORAT.

DU

BÉNÉFICE DE DISCUSSION.

THÈSE

POUR LE DOCTORAT.

L'acte public sur les matières ci-dessus sera soutenu le mercredi 2 mars à 11 heures

Par Fr. BLANC

(Né à Lyon)

AVOCAT A LA COUR IMPÉRIALE DE LYON.

Président : M. PELLAT, Professeur.

MM.

SUFFRAGANTS :
PEREYVE,
DE VALROGER,   Professeurs.
ROUSTAIN,
DUVERGER, -   Suppléant.

Le Candidat répondra en outre aux questions qui lui seront faites sur les autres matières de l'enseignement.

PARIS

IMPRIMERIE DE W. REMQUET ET Cⁱᵉ,

rue Garancière, 5.

1853

A MON PÈRE, A MA MÈRE.

INTRODUCTION.

1. Dans la langue du droit, la *discussion* est la recherche et la vente que l'on fait des biens d'un débiteur pour se procurer le payement de ce qu'il doit.

Il n'est pas aussi facile de définir le *bénéfice de discussion;* car cette expression a revêtu différents sens, suivant les législations et les auteurs.

Doit-on dire d'une personne qu'elle a le bénéfice de discussion, lorsqu'elle ne peut être poursuivie qu'après la discussion d'une autre personne obligée à la même dette qu'elle?

Peut-on regarder comme jouissant du bénéfice de discussion, la personne dont l'obligation est subordonnée à l'insolvabilité d'un débiteur principal, par exemple, les tiers acquéreurs soumis à l'action révocatoire, le cédant d'une créance qui s'est engagé à garantir la solvabilité du cédé? On répondra affirmativement, si l'on consulte la plupart de nos anciens auteurs. Mais nous pensons que ce sont là des applications abusives du terme : bénéfice de discussion.

Nous le réservons pour les personnes qui, légalement tenues et pouvant être légalement poursuivies par un créancier, ont le privilége d'opposer la discussion à titre de faveur, et sous certaines conditions.

Il importe beaucoup de ne pas confondre ce qui est une grâce de la loi, et ce qui constitue un droit rigoureux. Les règles, on le conçoit, devront être toutes différentes, suivant qu'on opposera la discussion à titre de faveur et sous forme d'exception, ou suivant qu'elle résultera soit des principes, soit de la convention des parties.

Cette distinction importante a presque toujours été méconnue dans notre ancien droit; mais la confusion qui a régnée sur la nature et les applications du bénéfice de discussion s'explique par l'histoire.

2. Prenons pour exemple les cautions. Aux yeux de tout législateur, elles sont éminemment favorables; le cautionnement est un précieux instrument de crédit, il facilite les transactions et les multiplie; il est à la fois utile au créancier et au débiteur : aussi a-t-on jugé convenable de l'encourager. Les cautions ont eu, à diverses époques, ce qu'on a appelé *le bénéfice de discussion*. Est-ce à dire qu'on ait toujours

entendu ces mots dans le même sens? Il faut bien se garder de le croire.

Ainsi dans le droit romain, le bénéfice de discussion consista pour les cautions, du moins suivant nous, à n'être tenues que subsidiairement si le débiteur ne pouvait pas payer. Dans notre code, au contraire, les cautions sont obligées purement et simplement; le créancier peut les poursuivre *primo loco*. Le bénéfice de discussion est simplement une exception que les cautions peuvent opposer en certains cas et sous certaines conditions, pour renvoyer le créancier à discuter le débiteur principal.

Dans notre ancienne jurisprudence, ces deux manières d'entendre le bénéfice de discussion se produisirent concurremment et enfantèrent deux systèmes rivaux. On discutait beaucoup alors sur la question de savoir : si le bénéfice de discussion est fondé en *rigueur de droit*, ou s'il est de *pure grâce*.

Puffendorff, Loyseau, Domat, Denizart, soutenaient que ce bénéfice au fond n'en était pas un; qu'il résultait invinciblement des principes généraux du droit; que c'était une déduction rigoureuse, et non une concession faite à l'équité.

Ils partaient de cette idée que l'obligation de la caution est subsidiaire, et pour ainsi dire conditionnelle, pour le cas où le débiteur ne pourra pas payer. On comprend donc qu'ils dussent confondre le bénéfice de discussion de la caution, avec tous les cas où il y a nécessité juridique d'une discussion préalable. Les jurisconsultes classiques de Rome, célèbres par

1.

leur logique inflexible, étaient cependant arrivés à des conclusions absolument contraires. Le fidéjusseur et le débiteur principal leur paraissaient être deux obligés, également à la disposition du créancier qui pouvait indifféremment actionner l'un ou l'autre. *Patrimonium fidejussoris impinguat patrimonium debitoris,* disait Bartole. Le créancier a voulu se procurer deux sûretés, il est juste qu'il en profite, et pour cela il n'a qu'à se prévaloir du contrat, qui est la loi des parties. En conséquence, ils refusaient tout bénéfice de discussion aux fidéjusseurs. Les formes rigoureuses de la stipulation pouvaient entrer pour quelque chose dans le système des jurisconsultes romains. Cependant, à tout prendre, leur raisonnement nous semble plus exact que celui de Puffendorff et de Domat; et Pothier l'a pensé ainsi, quand il a écrit dans son Traité des obligations (1), en parlant de la caution : « Ce n'est pas que l'on pré-« sume que la caution n'ait eu l'intention de s'obliger « qu'au défaut et en cas d'insolvabilité de celui pour « qui elle a répondu; cette intention doit être expri-« mée; lorsqu'elle ne l'est pas, on ne la présume pas, « et *l'obligation est pure et simple.* »

3. Mais entre ces deux systèmes extrêmes, l'un, regardant l'obligation de la caution comme conditionnelle, l'autre, la considérant comme pure et simple et rejetant toute discussion préalable, il y avait place pour un système intermédiaire.

______

(1) N° 412.

On pouvait, tout en admettant que l'obligation de la caution est pure et simple, lui accorder un certain secours qui ne fût pas trop préjudiciable au créancier.

Si le créancier est respectable, la caution est tres-digne d'intérêt; son intervention est fort utile ; il est bon de l'encourager ; il est, en outre, équitable que la dette soit acquittée plutôt par le véritable débiteur, par celui qui a eu les bénéfices du contrat, que par la caution, qui n'a rien reçu et s'est obligée pour autrui, souvent par bienfaisance. *Veniat primum ad eum qui aurum accepit, debitumque contraxit.* Arriver à ce résultat sans blesser des droits légitimes, telle est l'œuvre qui a été commencée par notre ancienne jurisprudence et complétée par le Code Napoléon.

4. Le véritable bénéfice de discussion, tel qu'une saine logique le conçoit, et tel que notre Code l'a réalisé, est donc une exception de faveur accordée à certaines personnes, mais sous certaines conditions qui sauvegardent les droits du créancier. C'est la conciliation de ces deux principes : *Fidejussoribus et talibus prodesse sanctum est* (1), et, *parcendum legitimo creditori.*

5. Notre Code a porté sa sollicitude sur une autre classe de personnes, sur les tiers détenteurs, qui sont tenus aussi, accessoirement, pour la dette d'autrui,

---

(1) Nov. 4.

et doivent être protégés contre l'éviction dont les menace l'action hypothécaire.

Les cautions, les tiers détenteurs, voilà donc les deux branches de notre sujet dans le droit actuel.

Mais comme dans le droit romain et dans notre ancienne jurisprudence on n'a pas toujours compris de même le bénéfice de discussion, il faudra nous occuper de plusieurs autres personnes dont la position présente des analogies plus ou moins lointaines avec celle des cautions et des tiers détenteurs.

Pour éviter des périphrases, nous serons obligés d'employer le terme : bénéfice de discussion, dans des cas où, selon nos idées, il n'y a pas réellement de bénéfice ; nous prévenons donc qu'il faudra entendre ce terme, *secundum subjectam materiam.*

6. Le droit romain est le point de départ de notre bénéfice de discussion actuel. Mais entre le point de départ et le point d'arrivée, nous croyons qu'il existe des différences considérables ; ces différences résultent d'un travail de formation qui s'est accompli peu à peu, pendant tout notre ancien droit français.

Nous devons en conséquence, dans la marche que nous avons à suivre, tenir un grand compte des périodes historiques.

Aussi, diviserons-nous notre travail en trois parties : 1° Droit romain ; 2° ancien droit français ; 3° droit français actuel.

Dans chacune de ces périodes nous rechercherons : si l'on a reconnu un bénéfice de discussion ; quels caractères il a revêtus ; quelles modifications il a pu subir; à quelles personnes il a été accordé, spécialement si les cautions et les tiers détenteurs en ont joui. Enfin, nous examinerons tout ce qui offre quelque analogie avec le bénéfice de discussion; et en le distinguant de tout ce qui n'est pas lui, nous arriverons à en mieux faire ressortir la nature et les caractères essentiels.

PREMIÈRE PARTIE.

Droit romain.

7. La législation romaine n'a jamais connu, suivant nous une *exception* de discussion ; mais elle a admis, à certaines époques et sous certaines formes, ce qu'on a appelé plus tard le bénéfice de discussion. Ce droit, que nous appellerons aussi bénéfice de discussion, quoique nous reconnaissions l'impropriété du terme, a été accordé aux deux classes de personnes qui doivent spécialement nous préoccuper : les fidéjusseurs et les tiers détenteurs, qu'on peut désigner en latin par les mots : *intercessores* et *possessores*.

Nous diviserons par conséquent notre étude du droit romain en deux parties, et nous parlerons incidemment de quelques autres personnes qui jouissaient également, sinon du bénéfice de discussion, au moins d'un droit analogue.

CHAPITRE PREMIER.

Du bénéfice de discussion appartenant aux fidéjusseurs et autres personnes s'engageant pour autrui.

———§———

8. Les origines du bénéfice de discussion à Rome, sont fort obscures. En ce qui concerne les fidéjusseurs ordinaires, on n'en trouve pas de traces au Digeste, et les divers écrits des jurisconsultes romains n'en font pas mention.

Ce qu'il y a de certain, c'est qu'au commencement du IIIe siècle de l'ère chrétienne, à l'époque des Antonins, ce bénéfice n'existait pas. Nous en avons pour preuve ces termes exprès d'une Constitution de Caracalla, de l'an 215 : *Jure nostro, est potestas creditori, relicto reo, eligendi fidejussorem, nisi inter contrahentes aliud placitum doceatur* (1) Un rescrit de Sévère, de l'année 209, contient la même décision (2).

(1) Loi 3, C. De Fidej.
(2) L. 5, C. De Fidej.

Ces deux constitutions impériales sont si formelles et semblent si peu contenir l'abrogation d'une jurisprudence antérieure, qu'on serait porté à en conclure que jamais, à Rome, les fidéjusseurs n'ont pu faire discuter le débiteur principal. Mais cette conclusion est contredite par la Novelle 4, dans laquelle Justinien accorde aux fidéjusseurs le bénéfice de discussion. L'empereur dit, en effet, dans le préambule de cette novelle, qu'il ne fait que remettre en vigueur, en la perfectionnant, une ancienne loi tombée, on ne sait comment, en désuétude. *Legem antiquam, positam quidem olim, usu verò, nescimus quemadmodùm, non approbatam* (1).

9. Ici se présentent plusieurs questions historiques, faites pour exercer la sagacité des interprètes ; car les lumières manquent presque complétement pour les résoudre. A quelle époque remonte cette ancienne loi dont parle Justinien? Quel droit constituait-elle pour les fidéjusseurs ? Combien de temps a-t-elle subsisté dans la législation romaine? Quand, et sous quelle influence a-t-elle été abrogée? Peu d'efforts ont été tentés pour arriver à la solution de ces diverses questions; aussi ne nous paraissent-elles pas en avoir reçu encore de satisfaisante. Le manque de textes est bien propre à détourner de pareilles recherches.

Cependant, sur quelques indices que nous avons pu rassembler, nous allons essayer de hasarder quel-

_____

(1) Nov. 4 in præm.

ques conjectures probables. Cujas recherchant l'origine de la loi dont parle Justinien, la croit fort ancienne. Suivant lui, c'est peut-être la loi des Douze
Tables. *Vetustissima enim est, et forsitan Duodecim
Tabularum* (1).

Mais il ne fournit pas de preuve à l'appui de cette
opinion, si ce n'est que cette loi ne se trouve déjà plus
mentionnée dans le Digeste (2).

10. A défaut de textes juridiques, Cujas croit trouver des traces de la loi qui nous occupe, dans la
correspondance de Cicéron avec Atticus. Le premier
passage qu'il cite est loin d'être concluant. Voici de
quoi il s'agit : Cicéron, ou plutôt son procurator Atticus, était cité en justice par un certain Junius,
créancier de Cornificius père, et de Cornificius fils,
pour lesquels on prétendait que Cicéron s'était porté
sponsor. Cicéron répondant à Atticus, lui dit : « Tu
« m'écris que tu as été cité par Junius; mais Cornifi-
« cius est très-riche. Cependant je voudrais savoir
« quand on prétend que j'ai promis, et si c'est pour le
« père ou pour le fils. Du reste il ne faut pas manquer,
« comme tu le dis, de voir les *Procuratores* de Corni-
« ficius (3). » A ces mots : Cornificius est très-riche,
omninò locuples, Cujas ajoute ceux-ci comme commentaire : *Non debuisse appellari quod idoneus fuerit de-*

___

(1). Cujas, Exposit. Nov. 4.

(2) *V.* cependant la loi 1, C. De Except., seu Præscript., où les
mots *Lex antiqua* désignent la loi des Douze Tables. Cf. avec les
lois 25, § 13, ff. ; 6, C. Familiæ erciscundæ, etc.

(3) Cicéron, Epist. 14, lib. 12.

bitor principalis. J'ai été cité indûment, puisque le débiteur principal est parfaitement solvable.

11. Si l'on n'avait que ce texte et les deux autres, où Cicéron revient sur la même affaire (1), ce commentaire serait très-problématique; on pourrait parfaitement supposer que la pensée de Cicéron était celle-ci : Cornificius a une grande fortune; donc mon recours contre lui est assuré, et en payant la somme due à Junius, je ne ferai qu'une avance d'argent, dont je serai très-certainement et très-prochainement remboursé.

12. Mais un autre passage de la correspondance de Cicéron rend très-probable l'interprétation de Cujas. On trouve en effet ces mots dans une lettre à Atticus : « Possumus, ut sponsores appellentur pro- « curatorem introducere; neque enim illi litem con- « testabuntur; *quo facto, non sum nescius sponsores « liberari* (2). »

Il s'agit d'une créance que Cicéron avait contre Dolabella, autrefois son ami, mais devenu son ennemi, pour avoir embrassé le parti d'Antoine. Cicéron recommande à Atticus d'agir avec vigueur quand l'échéance de la dette arrivera; mais cependant il trouve qu'il serait peu convenable de citer en justice les sponsores de Dolabella. Ceux-ci en effet n'accepteront pas le débat; ils seront libérés; et il ne restera de cette poursuite qu'une tache pour l'hon-

_____

(1) Epist. 17 et 19, lib. xii. Ed. Panckoucke, t. xxiii, p. 230, 241 et 242.

(2) T. xxv, p. 201 et 202.

neur de Dolabella dont on aura feint de respecter la
solvabilité. Cicéron pense qu'une pareille conduite,
même vis-à-vis d'un ennemi, ne convient pas à sa
dignité. *Non dignum gravitatis nostræ.* Cujas, qui a
cité une partie de ce texte, n'a pas insisté sur les lumières qu'il pourrait fournir. Nous croyons pouvoir
en tirer des inductions importantes.

13. Il faut se rappeler d'abord que nous sommes à
l'époque de la procédure formulaire. Nous n'avons
pu remonter plus haut, faute de trouver même les
moindres indices. Or, sous la procédure formulaire,
après l'*In jus vocatio* (citation en justice), et les
deux parties une fois en présence du magistrat, le
demandeur expliquait l'objet de sa demande et dési-
gnait la formule qu'il voulait obtenir du magistrat;
c'était ce qu'on appelait *Postulatio actionis.*

Le défendeur ne pouvait s'opposer à la concession
de l'action par des motifs de fait, il pouvait seulement
faire insérer dans la formule telle ou telle exception,
et l'appréciation de la cause, ainsi mise en état, devenait l'affaire du juge. (*Officio judicis continebatur.*)

Mais le défendeur pouvait aussi, *in jure*, soutenir
que d'après les principes du droit, l'action demandée
n'était pas admissible. Si le préteur reconnaissait la
justesse de cette prétention, il refusait l'action.

Or, c'est précisément la situation que Cicéron
prévoit. Il se dit : Devant le préteur, les *Sponsores* de
Dolabella s'opposeront à la concession de la formule
que je demanderai ; ils soutiendront qu'ils ne sont
pas tenus, *en droit* ; car Dolabella, le *reus*, est parfaite-

ment solvable, *locuples.* Ils n'accepteront pas ledébat; *non illi litem contestabuntur* (1); et ils seront libérés par ce fait; *quo facto non sum nescius eos liberari.*

En effet, la *Litis contestatio* avait lieu, *in jure*, devant le préteur, par la délivrance de la formule. La loi 1, Code *De Litis contestatione*, qui ferait supposer que la *Litis contestatio* avait lieu *in judicio* est généralement regardée comme interpolée par Tribonien. Ce jurisconsulte aura voulu l'accommoder au système des *judicia extraordinaria*, dans lequel il n'y a plus, à proprement parler, ni formule, ni *judex*, et où la *Litis contestatio* ne peut plus résulter que des conclusions prises par les parties devant le magistrat qui doit les juger.

14. Nous conclurons donc des paroles de Cicéron que les sponsores, fidejussores, etc., n'opposaient pas, sous forme d'exception, la discussion du débiteur principal, mais que, *ipso jure*, ils pouvaient défier les poursuites du créancier, tant que l'insolvabilité du *reus* n'était pas démontrée par la discussion de ses biens. Et si la formule avait été délivrée contre le sponsor, nous irions jusqu'à dire qu'il y avait *plus petitio modo*, et que le créancier était déchu de ses droits, suivant les principes alors en vigueur; *rem amittebat, causâ cadebat.* Les fidejussores n'étaient tenus que conditionnellement, *si reus solvendo non erit*; et, en supposant le débiteur principal solvable,

<hr>

(1) Accepter le débat, rend mal l'expression : *Litem contestari*, qui nous paraît intraduisible en français.

ils annulaient l'action du créancier, ou l'empêchaient de s'intenter, ce qui est assurément bien plus que d'opposer une exception dilatoire. Comment, du reste, supposer une exception dilatoire, avec ce principe alors admis: que le créancier ne pouvait actionner que le reus ou le fidéjusseur, etn on l'un après l'autre, et qu'une fois l'un des deux actionné, la Litis contestatio éteignait l'obligation de l'autre par novation ?

Il y avait là quelque chose d'analogue à ce qui se passait pour le bénéfice de division, accordé aux fidéjusseurs par Adrien. Le fidéjusseur qui avait acquis le droit de demander: *ut pro parte in se detur actio* (1), n'opposait pas une *exception,* comme le disent certains commentateurs, pour obtenir de n'être condamné que pour partie; car une exception ne sert qu'à repousser l'action. Or le texte déclare que l'action elle-même ne se donne que pour partie, quand le fidéjusseur invoque le bénéfice de division.

15. Nous avons essayé de déterminer ce qu'on pouvait entendre par *bénéfice de discussion* dans l'ancien droit romain, et l'on voit que ce qui existait, du moins d'après nous, ne répond guère à nos idées modernes sur le bénéfice de discussion.

Les fidéjusseurs en définitive, n'étaient tenus qu'à défaut du débiteur principal et pour ce qu'on n'avait pu tirer de lui.

16. Cette présomption légale que les cautions ne s'étaient engagées à payer que si le débiteur était

______

(1) Gaïus, Com. 3, n° 122.

insolvable, cette sorte de caractère conditionnel imposé à leur engagement paraît bien peu conforme à l'esprit du droit romain. On conçoit difficilement, surtout avec les formes de la stipulation et la rigueur de cet engagement *stricti juris,* que le fidéjusseur et le *reus* n'aient pas toujours été considérés comme deux obligés, également à la disposition du créancier.

Un autre sujet d'étonnement, c'est que dans cette matière, le droit serait devenu, avec le temps, plus rigoureux pour la caution; que l'indulgence et l'équité auraient été le partage de l'ancien droit, la sévérité celui de l'époque classique de la législation romaine. Cette conclusion ne blesse-t-elle pas nos idées sur la marche et les progrès de l'esprit juridique à Rome?

Peut-on rendre compte de ce qui semble une anomalie?

17. Nous ne nous sommes dissimulé ni la témérité de nos conclusions, ni la force des objections qu'on peut leur opposer; nous allons chercher à justifier les unes en repoussant les autres.

Nous répondrons, d'abord, qu'en présence du texte de la novelle 4 il est impossible de révoquer en doute l'existence de l'ancienne loi dont parle Justinien.

Il faut se rappeler que cette loi est d'une grande antiquité, *antiqua lex,* παλαιος νομος, et nous croyons qu'on peut s'expliquer la gradation qu'elle avait établie dans la poursuite du *reus* et des *accessiones,* tandis qu'on comprendrait difficilement cette gradation instituée par les préteurs, à une époque où les besoins de la société devaient solliciter des innovations en sens contraire.

Le cautionnement offre deux avantages au créancier : 1° il lui garantit son payement, ou, du moins, lui présente une chance de plus d'être payé; 2° il lui permet d'espérer avec plus de certitude son remboursement à *jour fixe*.

Ce second avantage est surtout précieux dans une société avancée en civilisation, et chez laquelle les relations commerciales ont un certain degré d'activité.

Mais on peut comprendre le cautionnement comme garantissant seulement au créancier qu'il sera payé, un peu plus tôt ou un peu plus tard. Une pareille conception n'a rien de déraisonnable; elle doit être le propre des sociétés qui commencent, et même des auteurs éminents tels que Puffendorf, Loyseau et Domat ont soutenu que le rôle du cautionnement se bornait à prémunir le créancier contre l'insolvabilité du débiteur principal.

Nous pouvons faire l'application de ces idées générales à la matière qui nous occupe. En effet, dans l'enfance de la société romaine, le cautionnement, contrat de bienfaisance, dut être peu commun. Le caractère romain était plus positif que généreux, et le commerce étant fort peu développé, le rôle du cautionnement, comme instrument de crédit, ne pouvait être suffisamment compris.

Avec les puissants moyens de coercition que les créanciers avaient à Rome contre leurs débiteurs, à une époque où les dettes avaient un tel caractère de personnalité qu'on ne concevait pas la possibilité d'une cession de créance, il était tout naturel de présumer que ceux qui avaient répondu pour le débiteur principal, n'avaient pas entendu se soumettre *primo loco* et au gré du créancier à toutes les rigueurs dont la loi l'avait armé.

Cette présomption admise, il était conséquent que les fidéjusseurs ne pussent être contraints à payer qu'après l'épuisement complet des facultés du reus.

L'ancien bénéfice de discussion, si on peut lui donner cette dénomination, était donc moins une faveur, un tempérament d'équité, qu'un résultat logique du contrat de cautionnement, tel qu'on le concevait alors.

Une telle conception est, à notre avis, incomplète; elle méconnaît un des avantages du cautionnement. Aussi le droit du Digeste qui permit au créancier de poursuivre à sa volonté le reus ou le fidéjusseur, nous paraît-il un progrès au point de vue du crédit. Ce droit tomba sans doute dans un autre extrême en mettant absolument sur le même rang le débiteur principal et les débiteurs accessoires; mais c'est le propre des réactions d'aller presque toujours au delà du but; ce n'est qu'à la longue qu'on arrive à concilier d'une manière équitable les droits qui se trouvent en rivalité.

18. On peut nous objecter que nous n'émettons là que de pures conjectures. Mais il nous paraît facile de prouver que le cautionnement fut peu usité dans les premiers temps de Rome et que ce contrat tel

qu'il était compris à l'origine ne put satisfaire plus tard aux besoins de la société.

. La législation romaine subit en effet sur ce point de fréquentes modifications. On sait que les *sponsores* et les *fidepromissores* ne pouvaient accéder qu'aux obligations verbales. Leur obligation s'éteignait avec leur vie et ne passait pas à leurs héritiers. La loi Furia les déclara même libérés au bout de deux ans, *biennio liberantur.*

Au contraire, les *fidejussores* qui probablement vinrent après les *sponsores* et les *fidepromissores*, et qui, dans tous les cas, ne tardèrent pas à les supplanter, étaient tenus *in perpetuum*, et transmettaient leurs obligations à leurs héritiers. De plus, ils pouvaient accéder à toute espèce d'obligation, civile ou naturelle (1).

On voit, par ces différences, que le besoin se faisait sentir d'élargir les formes du contrat de cautionnement et d'étendre les garanties des créanciers. Ce besoin naquit de la plus grande activité des relations commerciales, et des nécessités du crédit, qui devinrent plus impérieuses à mesure que la puissance de Rome grandit.

19. Ce furent ces influences qui firent abroger l'ancienne loi trop contraire aux intérêts des créanciers, trop partiale pour les cautions.

Quand eut lieu cette abrogation ? Il nous est impossible de déterminer une époque précise. Du reste,

____

(1) Gaïus, Com. 3, n° 119 et 120.

comme le fait entendre Justinien, elle tomba en désuétude, *usu non approbatam ;* elle ne disparut donc
pas tout à coup et en un seul jour ; elle succomba
peu à peu sous la désapprobation générale, et surtout sous celle des créanciers.

Nous sommes porté à croire que cette abrogation
par le non usage remonte à une époque assez reculée. Nous avons cru trouver dans Cicéron des traces
de l'application de l'ancienne loi. Mais Gaïus dans ses
Institutes n'en dit pas un mot et l'on ne trouve soit
au Digeste , soit au Code, aucun texte qui en fasse
mention. Il résulte au contraire de nombreuses lois,
que le créancier pouvait actionner indifféremment le
débiteur principal ou les fidéjusseurs (1).

20. On trouve cependant des fidéjusseurs placés
dans une position exceptionnelle, et cette position
présente une grande analogie avec celle que nous
avons cru pouvoir attribuer à toutes les cautions sous
l'empire de l'ancienne loi.

Nous voulons parler des fidéjusseurs que les commentateurs ont appelé *fidejussores indemnitatis.*

Voici la raison de cette appellation : Les fidéjusseurs qui ne voulaient fournir qu'une garantie subsidiaire, et n'être exposés qu'à un recours en second
ordre, s'engageaient par une formule spéciale, conçue
à peu près en ces termes : Quantò minùs servari potuerit, fide tuâ jubes ! Fide meâ jubeo (2).

---

(1) *V.* notamment l. III ff. De Duobus reis, § 1. L. 1. C. De
Fidejussoribus tutorum vel curatorum.
(2) L. 52 ff. De Fidej.   L. 16 § 6 ff. Eod. tit.

Les fidéjusseurs ainsi engagés n'étaient tenus de payer que si le débiteur ne payait pas, et ce qu'il n'aurait pu payer; ils promettaient *indemnitatem.* De là les mots : *Fidejussor* et *fidejussio indemnitatis,* employés par les commentateurs. Ces fidéjusseurs n'étaient obligés que conditionnellement et la nature de leur engagement nous est parfaitement expliquée par Papinien.

Mævius a promis : *quantò minùs à Titio consequi poterit.* La dette est de dix. Le jurisconsulte s'exprime ainsi : « Sine dubio Mævius universi periculum potest subire ; sed et si decem petieris à Titio, « Mævius non erit solutus, nisi judicatum Titius fecerit ; Paulus notat. Non enim sunt duo rei Mævius et Titius ejusdem obligationis, sed Mævius « sub conditione debet, si à Titio exigi non poterit ; « igitur nec Titio convento Mævius liberatur, qui, « an debiturus sit, incertum est ; et, solvente Titio, « non liberatur Mævius, qui nec tenebatur, cùm « conditio stipulationis deficit ; nec Mævius, pendente stipulationis conditione, rectè potest conveniri ; à Mævio enim antè Titium excussum non « rectè petitur (1). »

Ces derniers mots : *Antè Titium excussum non rectè petitur,* forment la conclusion importante de cette citation. Tant que le *reus* n'avait pas été discuté, l'action du créancier contre le fidéjusseur était mal fondée ; car l'événement de la condition sous la-

____

(1) L. 116 ff. De Verborum obligat.

quelle celui-ci s'était engagé ne s'était pas réalisé. Il y avait *plus petitio modo.*

21. Ce genre de fidéjussion devint fort usité ; on en trouve de nombreux exemples au Digeste. On peut voir, outre les lois citées déjà, les lois 42, de rebus creditis ; 21, de solutionibus ; 67, de verborum obligationibus, etc.

Dans toutes ces lois, on voit les mêmes principes. L'action du créancier ne peut s'intenter *de plano* contre le fidéjusseur, car celui-ci est libéré, si le reus est solvable ; *reum locupletem dando liberatur.*

En un mot, la position du fidéjusseur indemnitatis est identique à celle des fidéjusseurs ordinaires, sous l'ancienne loi.

22. De cette analogie frappante nous tirerons ces conclusions :

D'abord que la *fidejussio indemnitatis* n'a pas dû exister tant que subsista l'ancienne loi ; la convention bornant la responsabilité de la caution à l'*indemnitas,* c'est-à-dire à ce que le créancier ne pourra retirer du débiteur, eût été complétement inutile puisque, *ipso jure,* et sans convention spéciale, la responsabilité de toutes les cautions était restreinte dans ces limites.

En second lieu et réciproquement : que l'ancienne loi n'était plus en usage à l'époque où intervenaient les *fidejussiones indemnitatis.* Et comme nous trouvons de ces sortes d'engagements mentionnés dans les écrits de Papinien, d'Ulpien, de Paul et de Celsus, nous pouvons reporter à une époque assez reculée l'abrogation de l'ancienne loi.

23. Cette loi ne put coexister avec la *fidejussio indemnitatis;* cela eût été contradictoire. Mais ce qui nous paraît parfaitement logique et probable, c'est qu'il y ait eu succession, et que l'abrogation de la loi ait donné naissance à la fidejussio indemnitatis.

L'intérêt public avait fait tomber en désuétude les anciens principes; on avait senti combien il était important que les créanciers rentrassent dans leurs déboursés, à des époques à peu près fixes, et sans subir les retards d'une discussion souvent longue et difficile; on avait donné satisfaction aux exigences du crédit et des transactions commerciales. Mais d'un autre côté, la position des cautions devenait bien dure, et si, par la crainte des poursuites immédiates, on décourageait le cautionnement, on réagissait d'une manière fâcheuse sur le crédit qu'on avait voulu consolider. L'ancienne loi, mauvaise comme loi générale, s'appliquant à tous les cas de cautionnement, fut remplacée par la loi privée et spéciale, par la convention des parties; et désormais les cautions qui ne voulurent être exposées qu'à des poursuites subsidiaires, eurent soin de ne promettre que *indemnitatem,* en s'engageant par une des formules que nous avons citées. Elles prirent ainsi leurs sûretés, et les droits des créanciers furent sauvegardés; ils ne purent plus se plaindre d'une loi qu'ils avaient acceptée, puisque c'était la loi du contrat.

24. Du reste, l'ancienne loi ne fut pas abrogée complétement, ou du moins pour toutes les cautions.

On voit encore dans le digeste et dans le Code, des
fidéjusseurs, ou des obligés qu'on leur assimile, ne
pouvoir être poursuivis par le créancier qu'après la
discussion d'un débiteur principal. Évidemment ce
sont des vestiges de l'ancienne loi (1) qui s'est maintenue dans certains cas particuliers et pour certaines
personnes.

Or, nous remarquons dans diverses lois concer-
nant ces fidéjusseurs (ou obligés analogues) qu'on
les compare à des fidéjusseurs indemnitatis. On les
regarde comme tenus de la même manière, c'est-à-
dire sous la condition d'une discussion préalable; autrement, l'action est indûment intentée contre eux,
non rectè petitur.

Cela ne vient-il pas confirmer d'une manière bien
puissante les idées que nous avons émises sur la position des cautions dans les premiers temps du droit
romain, sous l'empire de l'ancienne loi?

Nous rencontrerons divers fidéjusseurs qu'on ne
peut actionner qu'après la discussion du débiteur;
et nous verrons que le fisc dans ses rapports avec
les fidéjusseurs, de ses débiteurs et quelques autres
personnes, fut toujours obligé à une discussion préalable. Si ce n'était là un reste de l'ancien droit, il
serait bien difficile de s'expliquer comment le fisc,
ordinairement plus favorable que les particuliers, se
trouve ici dans une position moins avantageuse.

25. Quoi qu'il en soit, cette obligation pour le

____

(1) Ducaurroy, Institutes, t. II, n° 1023.

fisc de discuter les débiteurs principaux avant les débiteurs accessoires, ne peut être révoquée en doute. Elle nous est formellement attestée par ces mots d'une constitution de Dioclétien : « Non priùs « ad eos qui debitoribus fisci nostri sunt obligati, « actionem fiscalem extendi oportere, nisi patuerit « principales reos idoneos non esse, certissimi ju- « ris est (1). »

Ce principe était donc incontesté, *certissimi juris.* Nous allons passer en revue les principales applications qui en étaient faites.

26. Nous citerons d'abord la loi 3 ff § 4, De administratione rerum ad civitatem pertinentium.

Un fidéjusseur répondant pour un magistrat a de plus fourni *des gages, pignora dedit.* Ulpien déclare que ces gages doivent être considérés comme donnés pour le cas seulement où le fidéjusseur pourra être légalement actionné, c'est-à-dire si le fisc n'a pu recouvrer ce qui lui est dû, en vendant les biens du magistrat. « in eum casum pignora videntur data *quo* « *rectè convenitur* fidejussor, videlicet postquàm *res* « *ab eo servari* non potuerit pro quo intercessit. » Ces mots *res ab eo servari* sont remarquables; on les retrouve dans presque tous les contrats de fidejussio indemnitatis.

27. Les pères des magistrats, fils de famille, étaient assimilés à des fidéjusseurs répondant des sommes

(1) L. 4, C. Quandò fiscus vel privatus. Addo : L. 3, § 8 ff. — De Jure Fisci.

que leurs fils pourraient devoir à l'État, si toutefois ils avaient consenti à leur entrée en charge (1); et Paul nous dit : « Si filius familiâs, volente patre, « magistratum gesserit, Julianus existimavit in soli- « dum patrem teneri in id quod ejus nomine reipu- « blicæ abesset (2). »

Cette loi peut sembler ambiguë, et l'étendue de l'obligation du père n'est pas clairement définie. Mais le doute disparaît en lisant la loi 17, ff. ad Municipalem.

Papinien s'exprime ainsi : « Filium pater Decurio- « nem esse voluit. Antè filium ex personâ suâ respu- « blica debet convenire quàm patrem ex personâ « filii, nec ad rem pertinebit an filius castrense pe- « culium tantum possideat. »

Une constitution au Code de Decurionibus et filiis eorum est encore plus explicite; elle est ainsi conçue : « Si cùm te pater Decurionem esse voluisset, et, illo in « rebus humanis agente, honor tibi iste delatus est ; « tenentur quidem etiam hæredes ejus reipublicæ; « nàm in hac parte, *vice fidejussoris* pater accipi- « tur, *sed non antè, nisi* tuis propriis rebus excussis. »

Quoi de plus clair que ces mots : *tenentur, sed non antè nisi rebus tuis excussis.*

28. Les magistrats eux-mêmes jouissaient, dans certains cas, d'une espèce de bénéfice de discussion. Nous voulons parler du cas où ils se trouvaient plu-

(1) Loi 1, D. ad et municipalem.
(2) Loi 7, dicto titulo.

sieurs pour remplir une même charge. Dans cette hypothèse, il était de principe qu'ils répondaient les uns des autres, qu'ils se servaient mutuellement de fidejusseurs. *Magistratuum officium individuum, ac periculum commune esse.* Tels sont les termes d'un rescrit de Titus à Lentulus Verus.

La loi 11, ff. ad Municipalem donne la portée de ce rescrit. Il faut, dit Papinien, l'entendre en ce sens, que les collègues seront en butte aux poursuites, si l'on ne peut retirer le montant de la dette ni de celui qui a géré, ni de ceux qui sont intervenus pour lui. « Quod sic intelligi opportet ut ità demùm collegæ pe- « riculum adscribatur, si neque ab ipso qui gessit, « neque ab his qui pro eo intervenerunt, res servari « possit. »

Si, au contraire, le magistrat est solvable au moment où il sort de charge, ou si sa caution est en état de payer, ses collègues ne répondront que chacun de sa propre administration.

Voilà donc différents bénéfices de discussion pour ainsi dire superposés. Si le magistrat est solvable, pas de poursuites contre la caution. Si, à son défaut, la caution est solvable, pas de poursuites contre les collègues ; et enfin nous voyons, par la fin de la loi, qu'il aurait fallu encore discuter celui qui avait nommé le magistrat à ses périls et risques, avant de poursuivre les collègues (1).

---

(1) Cf lois 1 et 2, C. Quo quisque ordine conveniatur. L. 1, § 9 ff. De Magistratibus conveniendis.

29. Le même principe de responsabilité mutuelle et de fidéjussion tacite réciproque était admis entre les co-tuteurs ou co-curateurs et les magistrats qui les avaient nommés; et, de même que dans les espèces précédentes, il y avait un ordre à observer dans les poursuites, des discussions préalables à faire.

Ainsi il était reconnu qu'on devait poursuivre d'abord celui qui avait géré, et que les autres ne pouvaient être actionnés pour l'administration de leurs collègues qu'après sa discussion complète. Une action subsidiaire contre les magistrats municipaux qui avaient nommé les tuteurs ou curateurs, avait été accordée par un sénatus-consulte de Trajan; mais seulement après discussion du tuteur ou curateur, de ses fidéjusseurs et de ses collègues (1).

On voit ainsi les magistrats assimilés à des *fidejussores indemnitatis*; cela explique la rubrique que l'on trouve au Digeste: *De fidejussoribus et nominatoribus et hæredibus tutorum et curatorum.*

La gradation dont nous venons de parler est exprimée d'une manière concise dans la loi 4, au code, De Magistratibus conveniendis: « Adversùs nomina-
« torem tutoris vel curatoris minùs idonei non antè
« perveniri potest quàm si, bonis nominati, item que
« fidejussoris ejus, nec non collegarum, ad quorum
« periculum consortium administrationis spectat, ex-

_____

(1) De Magistratibus conveniendis, C. l. v, t. lxxv. D. eodem titulo, l. v.

« cussis, non sit indemnitati pupilli, vel adulti satis-
« factum (1). »

3o. Un bénéfice de discussion semblable à celui
des co-tuteurs, co-curateurs, etc., existait au profit
des percepteurs d'impôts, des *exactores*. Lorsque
plusieurs exactores chargés d'une certaine branche
ou d'une certaine circonscription, avaient reçu cependant chacun une mission distincte, ils étaient soumis
les uns pour les autres aux poursuites du fisc ; mais
seulement quand l'un d'eux était insolvable. Après
la discussion de tous les exactores, si le fisc n'avait
pas obtenu son remboursement intégral, il y avait
alors une action contre les *nominatores* des *exactores* (2).

31. Dans toutes les hypothèses que nous venons
de parcourir, on a pu voir qu'il n'était jamais question d'une exception de discussion, c'est-à-dire d'un
moyen indirect inséré dans la formule pour repousser
l'action du créancier, du reste bien fondé en droit.
C'était *ipso jure* que la discussion de certaines personnes était un préliminaire indispensable pour que
l'action fût valablement intentée contre certaines autres. Nous avons essayé de prouver que telle était la
position de toutes les cautions dans l'ancien droit ;
et, qu'en ce point, elles ne différaient pas des fidé-

(1) *V.* en outre l. 1, 2 et 3 au Code De Dividendâ tutelâ. L. 1,
C. Si tutor vel curator non gesserit. L. 3, in pr. C. De administratione rerum, etc.
(2) Loi 3, C. De conveniendis fisci debitoribus.

jusseurs indemnitatis, et de ceux qui leur étaient assimilés sous le droit du Digeste et du Code.

Parmi les personnes répondant pour autrui, nous n'avons parlé que des fidéjusseurs, parce que ce sont les plus anciennes et les plus importantes. Nous aurions encore à parler des mandatores pecuniæ credendæ, et des rei constitutæ pecuniæ. Ces obligés différaient des fidéjusseurs sur plusieurs points que nous n'avons pas à énumérer ici. Mais en ce qui concerne le bénéfice de discussion, nous croyons qu'ils suivirent complétement le sort des fidéjusseurs (1). Nous ne voyons pas de raisons pour les en distinguer; et Justinien, dans sa novelle 4, les confond en effet avec eux. Cela est incontestable pour les *mandatores* qui sont formellement nommés.

Haloander, dont Pothier semble approuver l'opinion (2), pense que ceux qui ont promis pour autrui par le pacte constitutæ pecuniæ sont compris dans le terme grec αντιφωντης, qu'il traduit par constitutæ pecuniæ reus. Du reste, la novelle 136, qui explique et complète la novelle 4, lève tous les doutes à cet égard.

32. Jusqu'ici nous avons vu, aux différentes époques du droit romain, une gradation établie dans la poursuite des obligés principaux et des obligés accessoires. Nous avons passé en revue des cas assez nombreux où la nécessité juridique d'une discussion

(1) Loi 56 in pr. ff. Mandati vel contrâ,
(2) Pothier, Du Pacte constitutæ pecuniæ, n° 33.

préalable est démontrée; mais nous n'avons pas encore rencontré un véritable bénéfice, ni une véritable exception de discussion, c'est-à-dire une faveur accordée à certaines personnes contrairement à l'*ipsum jus*, et à l'aide de laquelle elles auraient pu suspendre momentanément les poursuites, sans prétendre cependant qu'elles fussent mal fondées.

33. A l'époque où nous arrivons, c'est-à-dire au moment où Justinien entreprend ses réformes législatives, il est certain que le créancier peut actionner à son gré le débiteur principal ou les *accessiones*, à moins que l'engagement de ces dernières personnes ne soit conditionnel, ou qu'il soit intervenu quelque pacte dérogeant au droit commun (1).

La législation s'est aussi modifiée sur un autre point : le créancier en agissant contre le débiteur principal ne perd plus son action contre les accessiones, mais il peut agir indifféremment contre chacun des obligés principaux ou accessoires, soit pour le tout, soit pour partie, et après avoir poursuivi un d'entre eux, revenir contre les autres (2). Nous ne faisons que traduire ces mots de Cujas dans son exposition de la novelle 4 : « Vel simul eodem tempore in solidum, « aut divisis actionibus. Quin et variare potuit atque « uno electo ad alium transire. »

---

(1) Lois 2, 3 et 5, C. De Fidejussoribus et Mandatoribus. Loi 19, C. Eod. tit.

(2) L. ult. C. De Obligationibus et actionibus. L. 3 in fine, ff. De Duobus reis. Loi 13, § 4 ff De Pignoribus et hypothecis. Loi 23, C. De Fidejussoribus. Loi 28, C. Eod. tit.

34. Avant d'étudier la législation de Justinien et de rechercher quelles innovations il introduisit dans la matière qui nous occupe, il nous reste à dire quelques mots d'une convention qui intervenait assez souvent en droit romain, et dont il est question dans la loi 22 ff, Mandati vel contra. Il s'agit d'un fidéjusseur actionné par le créancier et lui donnant mandat de poursuivre, en son nom et à ses risques, le débiteur principal. Cette espèce présente une certaine analogie avec notre bénéfice de discussion; mais il faut bien remarquer deux différences capitales : d'abord, que l'avantage pour la caution d'éviter momentanément, et peut-être complétement, une avance d'argent, est dû uniquement à la bienveillance du créancier; le fidéjusseur n'a pas invoqué un droit ou même une faveur à lui accordée par la loi; il a supplié, *rogatu fidejussoris*, et le créancier était parfaitement libre de rejeter sa prière.

En second lieu, la convention avantageuse pour le fidéjusseur l'est aussi pour le créancier; car grâce à elle, les poursuites qu'il exercera contre le reus n'éteindront pas son droit contre le fidéjusseur, comme cela avait lieu autrefois. S'il ne peut retirer tout ce qui lui est due, par l'exécution du débiteur, il pourra revenir contre le fidéjusseur par l'action *mandati contraria*.

35. Il en était de même quand un débiteur déléguait un de ses débiteurs au créancier, et que celui-ci

acceptait cette délégation faite aux risques et périls du débiteur primitif (1).

Nous pouvons aborder maintenant la législation de Justinien, c'est-à-dire l'explication des novelles 4 et 136, qui sont les deux seuls textes sur la matière.

SECTION II. — *Droit de Justinien.*

36. Nous avons déjà eu occasion de parler de la novelle 4, que l'empereur Justinien porta en l'année 539 de l'ère chrétienne.

Dans la préface, l'empereur dit qu'il ne fait que rétablir, en la modifiant sur certains points, l'ancienne loi dont nous nous sommes occupé, et qui était complétement en désuétude. Cette préface est suivie de trois chapitres, dont deux seulement rentrent dans notre sujet : l'un est relatif aux cautions, l'autre aux tiers détenteurs. Cette novelle est fort importante, car elle est le point de départ de notre bénéfice de discussion actuel, et elle a eu une assez grande influence sur notre ancien droit français.

Pour la première fois nous pourrons employer avec une certaine justesse, en parlant de l'innovation de Justinien, l'expression de bénéfice de discussion.

Dans le chapitre 1, qui seul a rapport à notre section 2, l'empereur déclare que les créanciers devront actionner d'abord le débiteur principal avant

____
(1) L. 22 ff. Mandati vel contrà, § 2.

de songer à poursuivre les *accessiones* (sponsores, fidejussores, mandatores et autres).

37. Est-ce à dire que Justinien rétablit complétement le droit de l'ancienne loi? Est-ce à dire, au contraire, qu'il établit seulement une exception dilatoire semblable à celle de notre Code? Nous croyons qu'il faut répondre négativement à ces deux questions, et que si Justinien améliora sur ce point l'ancien droit romain, le Code Napoléon a, à son tour, perfectionné l'innovation de Justinien.

38. Et d'abord, Justinien ne rétablit pas précisément l'ancien droit romain, la *lex antiqua*, quoiqu'il l'ait cru lui-même et l'ait dit dans sa préface : cela était impossible avec les progrès qu'avait fait la législation romaine ; mais, cependant, il s'en rapprocha beaucoup. Ainsi, nous le voyons déclarer, d'une manière formelle et impérative, que les créanciers devront poursuivre d'abord les débiteurs principaux. *Ut creditores primo loco conveniant principalem,* telle est la rubrique du chapitre premier de la novelle 4. On trouve dans le corps du chapitre des expressions analogues, par exemple celles-ci : « *Non* « *primum* adversus mandatorem, aut fidejussorem « aut sponsorem *accedat* neque negligens, debitoris « intercessoribus molestus sit; sed veniat primum ad « eum qui aurum accepit, debitum que contraxit. »

Assurément on ne peut pas dire, après avoir lu ce passage, que Justinien accorde aux intercessores une simple exception par laquelle ils pourront paralyser l'action du créancier, légalement intentée du reste.

3.

Non ; l'empereur suit une toute autre marche. Il déclare que les créanciers ne pourront actionner *de
plano* les intercessores sans avoir discuté le débiteur
principal ; sans cette discussion préalable, leurs poursuites seront donc mal fondées. *Non licitum est*,
comme dit la novelle 136, et les intercessores, pour
les repousser, n'invoqueront pas précisément une
exception ; appuyés sur la novelle 4, ils nieront purement et simplement le droit du créancier.

39. Il semble alors que nous nous reportons tout
à fait aux principes de l'ancienne loi. Le principe
est le même, nous le croyons ; mais les conséquences
ont changé par suite des changements intervenus
dans la procédure romaine. En effet, la procédure
des *judicia extraordinaria* a remplacé la procédure
formulaire.

Les parties ne comparaissent plus que devant un
juge ; il n'y a plus de formules, et les différences capitales entre les exceptions et les moyens de défense
tirés de l'*ipsum jus*, se sont effacées. En outre, les
principes rigoureux sur la *plus petitio* ont disparu ;
le demandeur n'est plus déchu de son droit pour
plus petitio ; et la seule peine qu'il encoure pour une
plus petitio *modo*, est une condamnation au triple du
dommage causé au défendeur. On conçoit donc que
les poursuites illégales du créancier n'entraînent pas
les mêmes conséquences qu'autrefois, et qu'on puisse
confondre une exception péremptoire avec une défense au fond.

40. Mais faut-il dire, comme l'ont fait tous nos

anciens commentateurs, que Justinien accorda seulement une exception dilatoire aux *intercessores*?

Nous ne pouvons l'admettre, quelque témérité
qu'il y ait à contredire des auteurs tels que Voët,
Cujas et Favre (1).

41. La législation de Justinien étant fort peu con-
nue, nous ne pourrons malheureusement établir
notre opinion sur des textes bien précis. Mais d'a-
bord, nous ferons remarquer que les auteurs éminents dont nous avons parlé, n'appuient sur aucune
raison cette assertion, que le bénéfice de discussion
établi par Justinien fut une simple exception dilatoire. Ils donnent cette opinion comme allant de soi,
et sans penser qu'il y ait aucune difficulté à l'admettre. En ceci, il nous paraît évident qu'ils subissaient
l'influence de leur siècle, et qu'ils voyaient le bénéfice de discussion de Justinien dans le bénéfice de
discussion tel qu'il était devenu à leur époque, après
de nombreuses transformations.

42. Pour oser combattre ces auteurs nous nous
servirons de leurs propres armes. Ainsi on voit Voët
dire qu'en droit romain, les tuteurs, les curateurs,
les exactores du fisc, les magistrats avaient le bénéfice
de discussion dans les cas que nous avons exposés ci-
dessus. Il assimile toutes ces personnes aux fidejussores indemnitatis et leur reconnaît à toutes le même
bénéfice de discussion. Or, est-il possible de dire que
dans le droit romain les fidejussores indemnitatis ne

(1) Faber (codex, lib. xlviii).

jouissaient que d'une exception dilatoire? cela n'est-il pas formellement contredit par les nombreuses lois que nous avons citées et notamment par la loi 116, De verborum obligationibus? ceci admis, et cela ne nous paraît pas contestable, Voët ne fournit-il pas à notre système un excellent argument, quand il dit que le bénéfice de discussion existait avant Justinien pour les fidéjusseurs indemnitatis et quelques autres personnes, et que la réforme de l'empereur consista seulement à attribuer ce bénéfice à tous les fidéjusseurs ?

« Hoc beneficium non parentem Justinianum ha-
« buit nisi quàtenùs generaliter fidejussoribus in-
« dultum fuit, et ordinarium eorum remedium
« effectum est (1). »

Nous acceptons comme vraies ces paroles de Voët; mais comme nous ne partageons pas son opinion sur les fidejussores indemnitatis, nous en tirons de toute autres conclusions et nous ne dirons, comme il le fait, quelques numéros plus loin : Dilatoria est hæc exceptio.

43. Cujas, qui a cependant tenu plus de compte de l'histoire du droit romain, tombe dans la même contradiction, car tout en attribuant au bénéfice de discussion introduit par Justinien le caractère d'exception dilatoire qu'on lui reconnaissait, en général, de son temps, il a écrit ces mots dans son exposition de la novelle 4 : « Nihil igitur opus est hodiè (c'est-

---

(1) Voëtius ad Pandectas, lib. XLVIII, tit. I, n° 38 et seq.

« à-dire après l'innovation de Justinien) pacto caveri,
« ut fidejussor in id tantùm teneatur, quantò minùs
« à debitore servari potuerit ; nàm *ipso jure* ità se res
« habet. Sed quemadmodùm, cùm ità convenerat
« olim, agi priùs potuit cum fidejussore, non tamen
« inexcusso reo, ità hodiè priùs agi cum fidejussore
« potest, sed non inexcusso reo (1). »

44. Nous dirons que Justinien établit dans la
poursuite du reus et des cautions un ordre, une gradation qui étaient obligatoires *ipso jure*. On peut
comparer cette gradation à celle qui existait pour la
vente des biens de tout débiteur, majeur ou mineur.
Le créancier devrait vendre les meubles avant les
immeubles ; c'était la loi qui lui en faisait une obligation (l. 15, § 2 ff, De re judicatà) ; le débiteur
n'avait pas besoin d'opposer une exception. Nous
ne pouvons entrer dans de grands détails sur les effets
juridiques du bénéfice que Justinien introduisit ; car
nous ne connaissons ces effets que par les travaux
des commentateurs qui nous paraissent les avoir dé-
figurés en subissant l'influence de leur temps. Nous
dirons seulement que nous ne pouvons voir là une
exception dilatoire. Justinien, dans les novelles 4 et
136, ne se sert pas une fois du mot *exceptio*, et si l'on
trouve dans la nov. 136 les mots : *opponatur nostra
constitutio*, c'est que dans la procédure en usage sous
Justinien, les défenses au fond s'opposaient devant
le juge comme les exceptions ; il n'y avait plus une

(1) Exposit. de la Nov. 4.

instance *in jure* et une instance *in judicio*. Nous ne
voyons nulle part dans les novelles et nous ne
croyons pas qu'il fût interdit au juge de suppléer le
bénéfice de discussion; nous pensons, au contraire,
que c'était son devoir, puisque ce bénéfice était un
droit formellement accordé aux cautions. Nous ne
voyons pas non plus que la discussion du *reus* dût se
faire aux risques et périls des cautions et que celles-ci
dussent faire des avances pour la discussion et désigner les biens. Enfin, rien n'indique qu'on dût, sous
peine de déchéance, se prévaloir de la constitution,
in limine litis. En un mot, nous ne trouvons dans les
deux textes sur la matière aucun des caractères de
l'exception dilatoire; et la filiation historique du bénéfice de discussion semble lui assigner une toute autre
nature. La démonstration deviendra plus complète
quand nous étudierons le bénéfice de discussion dans
notre ancien droit, et que nous exposerons les divergences qui existaient encore entre les auteurs à propos
des caractères essentiels du bénéfice de discussion.

45. Reste un seul argument tiré des termes même :
beneficium excussionis. Nous ferons remarquer, pour
y répondre, que ces termes ne se trouvent pas dans
les travaux de Justinien, et qu'ils sont de l'inven-
tion des commentateurs. On trouve, il est vrai,
dans la novelle 136, les mots ; *constitutionis auxilio* ;
mais ils ne signifient pas que les fidéjusseurs puis
sent se prévaloir seulement d'une exception. Ils
veulent dire que la nouvelle loi portée par Justinien
est un secours, un bénéfice, en ce qu'elle leur est

bien plus favorable que l'ancien droit. A ce point de vue, les mots : bénéfice de discussion, *auxilium constitutionis*, sont parfaitement exacts, et il suffit de lire en entier la phrase qui les contient, pour se convaincre que c'est bien là leur véritable signification.

46. Pour compléter l'étude du droit de Justinien, nous avons encore à parler du cas où le débiteur principal était absent, et de l'espèce particulière que règle la novelle 136.

L'ancienne loi n'avait pas prévu le cas où le débiteur principal serait absent; et comme, dans la procédure romaine, il y avait de grandes difficultés à discuter un absent, il en résultait dans la pratique que si le débiteur était absent, ou se cachait, le recours du créancier contre la caution était indéfiniment retardé et pouvait devenir illusoire. De plus, la collusion entre le débiteur et la caution était très-facile, et il est probable que cette collusion, fréquente autrefois, fut une des causes de l'abrogation de la loi primitive. Justinien prévoit ces graves inconvénients et y remédie. Dans ce cas, dit-il, le créancier pourra actionner le sponsor, l'intercessor ou le mandator (donc il ne le pouvait pas dans les autres cas). Le juge accordera à la caution, si elle le demande, un délai raisonnable pour faire comparaître le *reus*. Ce délai expiré, si le débiteur ne paraît pas, le procès suivra son cours contre la caution. Ici nous voyons une véritable exception dilatoire; mais il ne faut pas oublier que c'est un cas tout particulier. L'action du créancier a été valablement intentée contre la caution, par suite de l'absence du débiteur principal : elle n'est pas annulée, mais suspendue par la réapparition de ce débiteur. Aussi, dans ce cas, où le bénéfice de discussion devient une exception dilatoire, Justinien prend la peine de l'exprimer ; son langage est alors bien différent de celui qu'il tient dans le commencement de la novelle, alors qu'il pose la règle générale : « Fidejussoribus enim et talibus pro-« desse sanctum est ut, illo deducto, interim conven-« tione liberentur qui pro eo in molestiâ fuerunt (1).

47. Justinien, après nous avoir appris que, pour ce cas d'absence du débiteur principal, l'ancienne loi n'avait aucune disposition spéciale, *non enim erat quoddam hic antiquæ legi datum pro sanctione remedium*, ajoute que Papinien fut le premier qui fit introduire des modifications sur ce point : *quamvis Papinianus maximus fuerit qui hoc primitùs introduxit.* Cela donnerait à penser que l'ancienne loi était encore en vigueur du temps de Papinien ; nous ne le croyons pas, et nous pensons l'avoir prouvé par les textes que nous avons cités. Il est probable que la réforme de Papinien s'appliquait aux fidejussores indemnitatis et à ceux qu'on leur assimilait. Et en effet, les mêmes inconvénients pratiques se produisaient dans ce cas, si le reus était absent ; et la fidejussio indemnitatis étant devenue assez fréquente, il n'est pas étonnant que Papinien ait fait admettre cette dérogation aux principes, qu'il ait apporté *ce remedium* à la condition fâcheuse des créanciers.

(1) Nov. , cap. 1.

48. Les argentarii n'avaient pas été compris, à ce qu'il paraît, dans la novelle 4, et, par suite, n'avaient pas été admis à jouir du bénéfice de discussion.

Les argentarii qui se livraient surtout aux opérations de change et de banque formaient une corporation devenue très-riche et très-puissante. Ils s'émûrent du nouvel état de choses qui portait un grand préjudice à leurs intérêts, en les mettant en dehors du droit commun. Ils exposèrent leurs plaintes à l'empereur, rappelant les nombreux services qu'ils rendaient au crédit, et les dangers auxquels les exposait l'insolvabilité de leurs nombreux débiteurs. Leur position, comme ils le disaient, était devenue très-pénible depuis la nouvelle loi ; car, d'un côté, ils ne pouvaient poursuivre sans discussion préalable les cautions de leurs débiteurs ; et d'un autre côté, s'ils s'étaient engagés pour des débiteurs (ce qu'ils faisaient souvent, surtout par le pacte constitutæ pecuniæ), les créanciers pouvaient les actionner *de plano*, et les forcer ainsi à faire des avances d'argent. Ils demandaient, en conséquence, à être rangés comme tous les autres citoyens sous l'empire des lois communes. Probablement ce qui avait amené cette exception au détriment des argentarii, c'est que ce corps très-avide était vu peu favorablement et faisait payer très-cher les services qu'il rendait.

Aussi Justinien ne lui accorda-t-il pas tout ce qu'il demandait.

Il ne changea rien à leur position comme cautions ; leur cautionnement n'étant jamais gratuit, l'empereur ne crut pas devoir empêcher les créanciers de les actionner *primo loco.*

Mais la position des argentarii comme créanciers fut considérablement modifiée. A la vérité la constitution ne fut pas supprimée pour eux ; mais Justinien leur permit de faire avec leurs débiteurs, et les cautions de ceux-ci, des pactes portant : que le créancier aurait la liberté d'actionner indifféremment le débiteur principal ou les cautions, sans avoir égard à l'ordre introduit par la constitution. Cet ordre de poursuites était si bien une loi formelle, la constitution avait si peu introduit une simple faveur, une simple exception dilatoire, pouvant ou non être invoquée par la caution, que Justinien, on le voit, éprouve quelques scrupules à autoriser de semblables pactes ; il s'appuie sur des considérations d'intérêt public, et il prend la peine de justifier la modification qu'il apporte à la novelle 4. « Propter ingens enim illud stu- « dium quod argentarii circà publicos contractus ad- « hibent, hujusmodi pacta conventa admittimus. Càm « non videantur contrà legem esse, proptereà quòd « unicuique integrum est his, quæ ipsi à lege data et « concessa sunt, renuntiare. » C'est une preuve de plus à l'appui du système que nous avons suivi.

49. Cette concession aux argentarii, dont Justinien pressentait l'importance, était en effet capitale. Elle arrivait à supprimer le bénéfice de discussion et l'ordre légal de poursuites qu'il avait établi dans sa constitution ; car ceux qui ont besoin d'argent, étant toujours à la merci de ceux qui leur en prêtent, il arriva

que les argentarii exigèrent toujours de ces sortes de renonciations de leurs débiteurs et de ceux qui répondaient pour eux. Les simples particuliers suivirent l'exemple des argentarii, et nous verrons que ces renonciations eurent une grande influence sur l'opinion qu'on se fit dans notre ancien droit, du bénéfice de discussion et sur la faveur dont il jouit.

5o. Mais, avant d'étudier cette période, nous avons à nous occuper d'une autre classe de personnes auxquelles le bénéfice de discussion fut aussi attribué; nous voulons parler des tiers détenteurs (*possessores*). Cette étude formera le chapitre II et dernier de notre première partie.

CHAPITRE II.

Du bénéfice de discussion accordé aux tiers détenteurs.

51. Jusqu'ici nous ne nous sommes occupé que des obligés personnels, des cautions, et nous avons cherché à déterminer la nature du bénéfice de discussion dont elles jouissaient.

Mais il était d'autres personnes jouissant d'un droit semblable; des obligés non plus personnellement, mais *propter rem*; n'ayant pas contracté avec le créancier et cependant pouvant être actionnés par lui à cause d'une chose qu'ils détenaient. C'étaient ceux qu'on appelait en droit romain *possessores*, que nous appelons aujourd'hui tiers détenteurs. A quelles époques le bénéfice de discussion leur fut-il accordé? Quelle en était la nature? Telles sont les deux questions principales que nous avons à traiter.

SECTION I. — *Ancien droit romain.*

52. La novelle 4 semble dire que le bénéfice de discussion résultait, pour les tiers détenteurs, de l'ancienne loi dont nous avons déjà tant parlé; la

préface dans laquelle Justinien dit qu'il ne fait que remettre en vigueur cette ancienne loi, semble se rapporter aussi bien au chapitre ii qui traite des tiers détenteurs, qu'au chapitre i qui traite des cautions. Ces deux chapitres sont si intimement liés l'un à l'autre, que le second porte ces mots en tête de sa rubrique : *Alterum thema prioris capitis.*

Cependant nous ne pouvons attribuer au bénéfice de discussion, en ce qui concerne les tiers détenteurs, une origine aussi antique qu'en ce qui concerne les cautions.

53. Et d'abord, il importe de préciser quel genre d'action et quel genre de créanciers, les tiers détenteurs pouvaient repousser par le bénéfice de discussion.

Nous n'avons plus à mettre en présence des créanciers et des personnes ayant contracté avec eux, ayant engagé leur responsabilité personnelle dans des limites plus ou moins étendues. Ce sont, comme le nom l'indique, des *tiers* exposés à une action, non pas comme s'étant obligés, mais à raison d'une chose qu'ils *détiennent*, et sur laquelle le créancier veut exercer un droit de suite. Ces tiers ont à repousser une action réelle et non une action personnelle. C'est plutôt la chose qu'ils détiennent que l'on poursuit, et, s'ils sont eux-mêmes poursuivis, ce n'est que par voie de conséquence et en leur qualité de détenteurs.

54. Or on sait qu'à Rome la constitution d'hypothèque ne s'introduisit qu'assez tard et sous forme de pacte prétorien. Quant au contrat de gage qui,

dans le dernier état du droit, se confond avec le pacte d'hypothèque (1), du moins pour l'exercice de l'action, il subit de graves modifications.

Primitivement, le débiteur transmettait à son créancier la propriété de la chose qu'il voulait affecter à la sûreté de sa dette, et il s'assurait la restitution, ou plutôt la retransmission de la chose engagée, par le contrat de fiducie.

Dans cet état du droit, il ne pouvait y avoir d'action hypothécaire et par suite de bénéfice de discussion permettant à des tiers détenteurs de la repousser. Le créancier étant propriétaire revendiquait la chose, s'il en avait été dépouillé de quelque manière.

Après la mancipatio ou la cessio in jure avec fiducie qui transportaient la propriété au créancier, vint la Pignoris datio qui laissa la propriété au débiteur en donnant seulement la possession au créancier. Cette possession ne fut pas d'abord protégée. Plus tard intervinrent l'action servienne et l'action quasi-servienne par lesquelles le créancier réclamait contre tout possesseur, ou bien les choses qu'un fermier avait affectées à la sûreté des fermages, ou bien toute chose qui lui avait été donnée en gage ou hypothéquée. L'action quasi-servienne se donnait pour réclamer soit les choses livrées à titre de gage (*quæ pignoris jure tenebantur*) soit les choses simplement affectées à la sûreté d'une créance, *sine traditione*, par le pacte d'hypothèque.

---

(1) Inter pignus autem et hypothecam tantùm nominis sonus differt. (Loi 9, § 1, ff de pign.—Inst. de actionibus, § 7, l. 4, t. VI.

L'hypothèque fut, comme on le voit, la troisième étape du droit romain en matière de pignoration.

55. L'action quasi-servienne ou hypothécaire se donnant contre toute personne détenant des *pignora* ou des *hypothecas*, les questions que nous avons à résoudre sont celles-ci : cette action pouvait-elle être intentée contre les tiers détenteurs sans aucune discussion préalable? Et si les créanciers durent à Rome poursuivre d'autres personnes avant les possessores, à quelle époque ce droit fut-il introduit et combien de temps dura-t-il?

56. Il nous paraît d'abord évident qu'avant l'introduction par le préteur Servius de l'action qui porte son nom, il ne peut pas être question de bénéfice de discussion; et par conséquent le bénéfice de discussion que nous avons reconnu aux cautions romaines eut une origine bien antérieure. Il ne nous paraît pas possible qu'une même loi, la *lex antiqua* dont parle Justinien dans sa novelle, ait établi à la fois le bénéfice de discussion pour les cautions et les tiers détenteurs, surtout si, comme le pense Cujas, cette lex antiqua n'est autre chose que la loi des Douze Tables.

Ce qui est très-possible, c'est que les termes de cette loi fussent généraux, qu'il y fût dit par exemple : que le créancier devrait poursuivre le débiteur principal avant les *Accessiones*. Sous ce mot *Accessiones* ou quelque autre analogue, on put comprendre plus tard, aussi bien les gages et les hypothèques que les cautions; on faisait ici rentrer dans les termes de la loi, ce qu'elle n'avait pas prévu; mais c'était un moyen souvent employé par les Romains pour accommoder sans le détruire, le texte des anciennes lois aux nouveaux besoins ou aux nouvelles institutions.

On s'expliquerait alors comment la préface de Justinien peut être commune aux deux chapitres principaux de sa novelle 4 ; du reste, même en laissant de côté cette explication, il suffit, pour justifier cette préface générale et la rubrique du chapitre 2, d'observer que l'innovation de Justinien portait sur deux chefs principaux : les cautions et les tiers détenteurs et qu'il établit pour ces deux classes de personnes le, même bénéfice de discussion.

57. Nous avons jusqu'ici procédé par hypothèse et par supposition, car nous n'avons trouvé aucun texte qui nous permît d'affirmer que les tiers détenteurs ne pouvaient être actionnés qu'après la discussion du débiteur principal et des cautions.

Il n'y avait pas sans doute pour accorder le bénéfice de discussion aux tiers-détenteurs les mêmes raisons qui avaient pu le faire admettre pour les cautions. Mais d'un autre côté, les possessores n'avaient pas contracté avec le créancier et à l'époque où il fallait discuter le débiteur principal avant de poursuivre la caution; on put conclure par analogie qu'il fallait aussi discuter le débiteur principal avant de poursuivre les détenteurs des gages; que ceux-ci n'étaient tenus que dans le cas de son insolvabilité.

58. Ce qui rend probable l'existence d'un pareil

état de choses, c'est qu'on voit dans le droit du Digeste et du Code, le fisc obligé encore de discuter ses débiteurs avant d'attaquer les *possessores* ; et l'on ne comprendrait guère cet usage, s'il n'était pas un vestige d'une ancienne loi plus générale, comme nous l'avons vu pour les cautions des magistrats, les exactores, les nominatores, etc.

Quoi qu'il en soit, à part la loi 47 ff. de Jure fisci, on ne trouve pas de traces au Digeste d'un bénéfice de discussion accordé aux tiers détenteurs. Ce silence nous paraît une preuve presque certaine qu'il n'existait pas ; dans le Code, la preuve de cette inexistence est plus évidente, parce qu'elle résulte de plusieurs textes formels, notamment au titre de *pignoribus et hypothecis*.

59. Merlin a soutenu cependant une opinion contraire (1). Suivant lui, les tiers détenteurs eurent toujours le bénéfice de discussion ; il le prouve dans le droit du Digeste par la loi 47 de Jure fisci, que nous venons de citer. Quant aux lois du Code, que tous les interprètes trouvent des plus formelles, elles lui semblent vagues et peu décisives ; il nous faut combattre ces deux objections.

Pour cela, nous devons poser l'espèce contenue dans la loi Moschis, 47, ff. de Jure fisci :

Une femme du nom de Moschis, fermière du trésor public, décéda redevable envers le fisc. Ses héritiers, ayant accepté sa succession, vendirent à divers parti-

____

(1) Merlin, Répertoire, *V.* Discussion.

4.

culiers une grande partie des immeubles qu'elle contenait.

Les acquéreurs, poursuivis en payement du reliquat laissé par Moschis à la charge de ses héritiers, soutinrent que ces derniers étaient solvables et devaient être discutés. L'empereur décida dans ce sens, qu'il fallait d'abord attaquer les héritiers, sauf à recourir ensuite contre les tiers détenteurs. *Priùs hæredes conveniri, in reliquum possessorem omnem.*

60. Merlin prétend que cette loi est une preuve décisive à l'appui de sa thèse. On ne peut objecter, dit-il, qu'elle est spéciale au fisc, car pourquoi le fisc se trouverait-il vis-à-vis des tiers détenteurs dans une autre position que les particuliers? Cela pourrait s'expliquer par un reste de l'ancienne jurisprudence; et dans tous les cas il n'est pas étonnant de voir le fisc soumis à un droit spécial, quand nous avons vu dans notre chapitre I, que précisément sa position était exceptionnelle en ce qui concerne la poursuite des cautions. Il y a, ce nous semble, dans ce rapprochement un grand argument d'analogie. Ce qui nous confirme dans cette opinion, c'est que dans le code, à une époque où les tiers détenteurs pouvaient être actionnés, que le débiteur fût solvable ou non, on trouve une loi contenant une décision presque semblable à celle de la loi Moschis; la seule différence, c'est que les possessores ont acheté des biens d'un fidejussor indemnitatis et non d'un débiteur principal.

Voici le texte de cette loi :

« Non injustâ ratione desideratis, repromissâ fisco
« indemnitate, eos priore loco conveniri, qui reliqua
« contraxerunt, mox ad vos pervenire, qui ab his
« quædam mercati estis (1). »

61. Notre argument aura, il est vrai, peu de force
si, comme le pense Merlin, les tiers détenteurs ont
joui du bénéfice de discussion, même sous le code.
Mais voyons si cette opinion est admissible en présence des textes?

C'est d'abord la loi 14, C. De l'ign. et Hyp., portant
que les créanciers peuvent poursuivre à leur gré
utrum ne velint, ou le débiteur par l'action personnelle, ou ceux qui possèdent les gages par l'action
réelle; et ce droit, dit la loi, est de jurisprudence certaine. *Non est incerti juris.* C'est, en second lieu, la
loi 15 du même titre, qui contient ce principe re-
marquable : « Debitorem neque vendentem neque
« donantem, neque legantem vel fideicommissum
« relinquentem, posse deteriorem facere creditoris
« conditionem. » C'est enfin la loi 24 au même
titre, qui est encore plus formelle :

« Persecutione pignoris omissâ, debitores actione
« personali convenire creditor urgeri non po-
« test (2). »

62. D'après Merlin toutes ces lois signifient simplement que l'exercice de l'action personnelle n'entraîne pas la perte de l'action réelle et qu'on peut
cumuler ces deux actions.

(1) L. 1, C. De conv. Fisci debit.
(2) Junge, Loi 14, C. De oblig. et act.

Ce principe est vrai, mais il n'en est pas moins certain que les lois précitées signifient autre chose ; il suffit de les lire attentivement pour s'en convaincre. Comment, de plus, s'expliquer la réunion de ces trois lois dans un même titre, la triple répétition d'un principe incontestable, si l'on ne devait attribuer aux fragments que nous avons cités, d'autre portée que celle qui leur est donnée par Merlin ? Enfin Justinien dans sa novelle 4 ne nous dit-il pas implicitement que les tiers détenteurs ne jouissaient pas avant lui du bénéfice de discussion, puisqu'il le leur accorde dans le chapitre II de cette novelle ? Evidemment l'Empereur a innové sur ce point, sans quoi ce chapitre II n'aurait pas de raison d'être.

63. Tout en admettant comme nous que les tiers détenteurs n'avaient pas, en général, le bénéfice de discussion dans le droit du Digeste et du Code, Favre veut étendre à d'autres personnes la position exceptionnelle du fisc (1).

Voici son raisonnement : Le fisc est en plusieurs points plus favorable que les autres créanciers hypothécaires, témoin la loi 18, ff. De jure fisci. Dans le cas dont il s'agit, il doit être au moins dans une aussi bonne position que les autres personnes qui ont, comme lui, une hypothèque tacite.

Pourquoi donc ces autres personnes ne devraient-elles pas, comme lui, discuter le débiteur avant d'agir hypothécairement contre les possesseurs.

(1) Faber, De error. pragmat. Dec. 5, error 9.

« Quidni ad alios creditores taciti tantùm pignoris
« jure hypothecariam exercentes, idem obtinebit
« quod in fisco constitutum est, ut, nonnisi excusso
« debitore ejusque hæredibus contrà possessores
« agere possint? »

Dans cette hypothèse, il y aurait eu une différence entre l'hypothèque expresse, résultant de la
convention et l'hypothèque tacite résultant de la loi;
différence qui se comprend parfaitement au point
de vue rationnel, qui existe chez nous, et dont Favre
déduit parfaitement les motifs.

Sans doute, il est possible que les femmes et autres personnes ayant une hypothèque tacite, aient
été, comme le fisc, obligées d'observer un certain
ordre dans la poursuite des tiers détenteurs, afin
de préserver ceux-ci de leur ruine, *ne tacitæ privi-
legio hypothecæ abuti possent in necem possessorum.*

Mais aucun texte ne vient confirmer cette opinion
et on ne peut l'énoncer que sous la forme dubita-
tive, employée par Favre : Quidni?

64. Quoi qu'il en soit, à l'époque de Justinien,
les tiers détenteurs, sauf exception, ne jouissaient
pas du bénéfice de discussion. Ils pouvaient être
poursuivis par le créancier *primo loco,* même lorsque le débiteur et les cautions étaient solvables. S'il
y avait eu jadis un ordre légal, une gradation forcée
dans les poursuites, tout cela avait disparu par suite
de l'influence des créanciers, des besoins du crédit,
en un mot par les mêmes raisons qui avaient fait
empirer la position des cautions, et probablement à

la même époque. Ces deux classes de personnes, cautions et tiers détenteurs, durent suivre la même fortune, en ce qui regarde la nécessité d'une discussion préalable ; et nous voyons encore Justinien les associer dans sa novelle 4, dont il nous reste à dire quelques mots.

SECTION II. — *Droit de Justinien.*

65. Justinien, en maintenant le droit qu'avait le créancier d'exercer à son choix, contre le débiteur, l'action personnelle ou l'action réelle, modifia ce principe quand les gages ou les hypothèques étaient sortis de la possession du débiteur.

Dans ce cas, il établit que le créancier devrait actionner d'abord le débiteur principal, puis les cautions (mandatores, fidejussores, etc.), avant d'inquiéter les tiers détenteurs.

Ces derniers poursuivis, s'il n'avait pas encore obtenu son payement intégral, il pouvait alors poursuivre les hypothèques données par les cautions, si elles étaient sorties de leur possession, actionner leurs débiteurs et ceux qui étaient tenus vis-à-vis d'elles par l'action hypothécaire.

« Sed neque ad res debitorum quæ ab aliis detinentur, veniat priùs, antequàm transeat viam super personalibus contrà mandatores, fidejussores et sponsores, etc. (1).

____

(1) Nov. 4, cap. 2.

66. Cet ordre légal de poursuites, ce bénéfice de discussion accordé par Justinien est analogue à celui qu'il venait d'accorder aux cautions ; c'était dans les deux cas une restriction qu'il apportait aux droits des créanciers. Nous ne répéterons pas ici ce que nous avons dit sur la nature du bénéfice de discussion accordé aux cautions. La position des possessores est identique ; la nature de leur bénéfice est la même. Justinien y apporte la même restriction : en cas d'absence des obligés personnels, les tiers détenteurs sont alors valablement actionnés ; et ils n'ont plus pour ressource qu'une exception dilatoire qui leur fait gagner quelque temps, et peut même les affranchir des poursuites, s'ils réussissent à faire comparaître en justice le débiteur ou ses cautions.

67. Ce rapprochement entre les cautions et les tiers détenteurs nous amène à parler de l'ordre dans lequel ils devaient être poursuivis. Justinien a fixé ce point, il dit positivement, que non-seulement les débiteurs principaux, mais encore les cautions devront être poursuivis avant les tiers détenteurs ; en un mot que le créancier ne pourra exercer son droit de suite que s'il n'a pas été complétement indemnisé par l'exercice de l'action personnelle. Entre tiers détenteurs, il devra actionner d'abord ceux qui tiennent leurs droits du débiteur principal ; en second lieu, ceux qui tiennent leurs droits des cautions.

68. Mais entre les divers détenteurs de biens ayant appartenu au débiteur, par exemple, y avait-il un ordre forcé de poursuites ? Ainsi quand le débiteur

avait vendu successivement à plusieurs personnes des immeubles hypothéqués au créancier, celui-ci devait-il poursuivre d'abord le dernier acquéreur, et ainsi de suite, en remontant d'aliénation en aliénation? Justinien ne dit rien de semblable, et l'on ne peut étendre sa novelle, déjà passablement restrictive des droits des créanciers. Il est évident que ce serait créer à ceux-ci de nouvelles difficultés; car s'il est facile de savoir qu'un bien est sorti des mains du débiteur, il n'est pas toujours facile de savoir à quelle date il en est sorti.

Du reste, dans le droit antérieur à Justinien, les tiers détenteurs qui jouissaient du bénéfice de discussion étaient tous dans la même position. Le créancier, une fois le débiteur discuté, pouvait poursuivre indifféremment l'un ou l'autre d'entre eux. La loi Moschis (1), statuant dans une espèce dont nous avons déjà parlé, porte en effet: que l'on devra d'abord poursuivre les héritiers de la débitrice, ensuite tout possesseur, *possessorem omnem*. Dans cette loi, pas plus que dans la loi 1, C. De conv. fisc. debit., il n'est question d'un ordre à observer entre les tiers détenteurs.

Il est vrai que cet ordre existait et était reconnu quand on intentait l'action paulienne ou révocatoire. Il n'est pas inutile d'en dire quelques mots, puisque cette action nous offre l'exemple d'une discussion préalable, et que la position des tiers détenteurs

____

(1) 47 ff. De jure fisci.

poursuivis par l'action paulienne présente une certaine analogie avec celle des tiers détenteurs poursuivis par l'action hypothécaire.

69. L'action paulienne se donnait aux créanciers pour revendiquer, comme appartenant toujours à leur débiteur, les choses que celui-ci avait aliénées en fraude de leurs droits. Elle se donnait contre tout acquéreur à titre gratuit, et contre les acquéreurs à titre onéreux qui avaient participé à la fraude (*Qui scientes fraudem emerant*) (1).

Comme il fallait préalablement que le créancier prouvât la fraude, c'est-à-dire l'intention de préjudicier, et le fait du préjudice, ce qu'on appelait *consilium et eventus*, on conçoit que le débiteur devait, avant tout, être discuté dans tous ses biens, *omnibus bonis excussis* (2). Cette discussion seule pouvait prouver s'il y avait eu préjudice, et si par conséquent il y avait lieu à révocation; et comme parmi plusieurs aliénations successives la dernière ou les dernières pouvaient avoir seules préjudicié au créancier, il eût été injuste de permettre à celui-ci de poursuivre indifféremment tout tiers acquéreur. L'ordre rationnel des poursuites était l'ordre inverse de celui des aliénations.

C'est ainsi que dans le cas où des esclaves avaient été affranchis en fraude des créanciers, on n'appliquait pas indistinctement la révocation prononcée

____

(1) Loi 5, C. De revoc. his quæ in fr. credit.
(2) Loi 1, C. De revoc. — Loi 10, § 1, ff. Quæ in fraudem.

par un des chefs de la loi *Ælia Sentia*; si le *manumis-sor* avait pu, sans se rendre insolvable, affranchir un certain nombre d'esclaves, on maintenait les premiers affranchissements et l'on disait : *Qui primi sunt, li-beri erunt, donec creditoribus suum solvatur* (1).

Mais la discussion, dans le cas de l'action révoca-toire, ne joue pas le même rôle que dans l'action hy-pothécaire.

Dans le premier cas, elle doit être faite, comme le disent les commentateurs, *usquè ad peram et sac-culum;* il ne suffirait pas que le débiteur eût fait ces-sion de biens.

Il n'y a pas similitude de position pour les tiers ac-quéreurs dans les deux cas, et comme le dit Favre :. « Longè alia revocatoriæ, longè alia hypothecariæ « ratio (2). »

Les gages et les hypothèques sont en effet affectés de prime abord à la sûreté du créancier. Si on l'oblige à discuter d'abord le débiteur et les cautions, c'est par faveur pour les tiers détenteurs. Une fois la dis-cussion faite, si le créancier n'est pas désintéressé les tiers détenteurs se trouvent tous au même titre soumis à sa poursuite; la date de leurs acquisitions ne peut avoir aucune influence sur l'exercice de l'action.

70. Avant de quitter le droit de Justinien, arrê-tons-nous un peu sur la fin du chapitre 2 de la no-velle 4. L'empereur, après avoir accordé le bénéfice

---

(1) Loi 24, ff. Qui et a quibus manumissi liberi non fiunt.
(2) Faber, De error pragm., dec. 5,

de discussion aux cautions et aux tiers détenteurs, déclare que l'ordre de poursuites qu'il a établi ne s'applique pas seulement aux créanciers proprement dits; que, par exemple, si un vendeur a fourni ce qu'on appelle un *confirmator*, et qu'il y ait ensuite quelque atteinte à la convention, l'acheteur ne pourra pas actionner d'abord le *confirmator*, mais devra poursuivre d'abord le vendeur, puis le confirmator, enfin les détenteurs de choses ayant appartenu au vendeur.

Justinien assimile ce bénéfice de discussion à celui des cautions et des tiers détenteurs; et cependant les commentateurs, Cujas entre autres, décident que ce confirmator ne pourrait renoncer au bénéfice de discussion. Favre décide de même que le certificateur de caution, qu'il appelle *collaudator fidejussoris*, a toujours le bénéfice de discussion, et que s'il y renonçait, sa renonciation serait nulle. N'est-ce pas dire implicitement qu'il n'y a pas là une exception dilatoire qu'on peut ou non opposer, mais la nécessité d'une discussion préalable? qu'il y a recours subsidiaire et pour ainsi dire conditionnel?

Ceci admis, pourquoi ne pas l'appliquer aux cautions en général, quand Justinien ne fait pas de distinction? Pourquoi ne pas admettre que, sous l'ancienne loi, les cautions n'étaient exposées qu'à une poursuite subsidiaire, quand nous voyons Cicéron employer, pour désigner des cautions, les expressions: *confirmatorem pecuniæ, auctorem secundum* (1).

(1) Cicero, Pro Cluentio.

C'est un dernier argument que nous voulions apporter à l'appui de notre système, avant de résumer en peu de mots cette première partie de notre travail.

71. *En résumé,* nous n'avons pas trouvé dans le droit romain un bénéfice de discussion identique à celui de notre Code, c'est-à-dire une exception de faveur venant arrêter momentanément, dans certains cas et sous certaines conditions, des poursuites bien et dûment intentées.

Nous avons vu les droits des créanciers tour à tour restreints ou étendus vis-à-vis deux classes de personnes : les cautions et les tiers détenteurs. Dans le dernier état du droit, un ordre légal a été, suivant nous, établi dans les poursuites par les novelles 4 et 136. Le créancier est obligé d'actionner les débiteurs principaux avant les débiteurs accessoires, comme il est obligé de vendre les meubles de son débiteur avant de vendre ses immeubles.

La novelle 4, interprétée par les commentateurs, et modifiée par la pratique française, donnera plus tard naissance au bénéfice ou plutôt à l'exception de discussion, telle qu'elle existe dans notre législation actuelle. Nous avons donc maintenant à nous occuper de l'admission et des transformations du principe de la novelle, dans notre ancien droit français.

72. Peut-être trouvera-t-on que nous avons émis des opinions téméraires, dans notre étude du droit romain. Peut-être aussi nous reprochera-t-on d'avoir abusé des hypothèses et des conjectures ; car l'ima-

gination est un guide trompeur pour arriver au vrai, surtout dans les matières de droit. Nous avons cherché cependant à appuyer, le plus possible, ce que nous avancions sur des raisonnements juridiques ou des textes précis. Si nous n'y avons pas toujours réussi, c'est que nous étions abandonné à nos propres forces, les textes manquant le plus souvent, les auteurs ne traitant notre sujet que d'une manière incidente, et pour ainsi dire en passant.

L'obscurité et la pénurie des sources, le silence des auteurs, nous serviront sans doute d'excuse pour les inexactitudes qui peuvent se rencontrer dans cette première partie de notre travail.

DEUXIÈME PARTIE.

Ancien droit français.

CHAPITRE PREMIER.

Bénéfice de discussion appartenant aux cautions.

73. L'ancienne France, au point de vue du droit, se divisait, comme on sait, en deux grandes zones : pays de droit écrit et pays de coutumes.

Entre ces deux législations issues de sources différentes, dérivant l'une du droit romain, l'autre du droit germanique, les divergences juridiques étaient souvent fort considérables. Mais, pour le point qui nous occupe maintenant, c'est-à-dire le bénéfice de discussion appartenant aux cautions, il y avait similitude presque complète ; les divergences existaient moins de droit coutumier à droit écrit que de jurisconsulte à jurisconsulte. On peut donc dire que dans toute la France on reconnaissait aux cautions ou *pleiges* le bénéfice de discussion. Il faut cependant se placer à une époque déjà assez avancée de notre histoire, pour proclamer ce résultat.

74. Quant aux pays qui avaient été plus profondément pénétrés par la domination romaine, et qui devinrent les pays de droit écrit, le bénéfice de discussion dut y être de bonne heure connu; car le droit romain ne disparut jamais complétement dans ces pays, même au milieu des invasions; et si le Code de Théodose et le Bréviarium d'Alaric eurent la principale influence sur la pratique et sur les mœurs, pendant les premiers siècles de notre histoire, on ne peut douter, qu'à la même époque, les compilations de Justinien aient été connues en France et en Italie.

A l'égard du droit des patentes, du Code et des Institutes, les premiers témoignages qu'on ait de leur connaissance en France résultent : du *Décret d'Yves de Chartres*, et du recueil intitulé : *Petri excerptiones legum Romanarum*. Ces deux documents datent de la fin du xie ou des premières années du xiie siècle. Néanmoins, au ixe siècle, les Novelles de Justinien contenues dans l'Epitome du Patrice Julien étaient connues et employées dans les documents; le droit de la novelle 4 put donc être appliqué dès cette époque; et dans tous les cas, au moment de la renaissance juridique du xiiie siècle, tous les commentateurs l'admettent et s'en occupent.

75. Quant au droit coutumier, il semble avoir reçu tardivement le bénéfice de discussion, et on n'en trouve pas de traces dans Beaumanoir (1).

____

(1) Il en est question dans un passage des Etablissements de saint Louis.

Comme on voit plus tard ce bénéfice dans toutes les coutumes, on peut supposer qu'il y fut introduit par l'influence du droit romain ; et ce qui le prouve, c'est que, dans les pays coutumiers, quand une caution voulait renoncer au bénéfice de discussion, elle disait qu'elle renonçait à l'authentique *præsente* qui résume, dans le Code, la novelle 4.

La novelle 4 fut donc l'origine première, on peut même dire la seule origine du bénéfice de discussion dont jouirent les cautions dans notre ancien droit.

76. Notre ancienne pratique admit en principe l'innovation de Justinien, mais il arriva qu'elle l'abrogea presque en fait. Nous avons dit que Justinien avait permis aux argentarii de stipuler des cautions qu'ils recevaient, la renonciation au droit qu'elles tenaient de sa constitution. Les autres créanciers trouvèrent fort avantageux de suivre l'exemple des argentarii ; ils eurent presque toujours soin de stipuler de pareilles renonciations. Les cautions renonçaient à la *novelle* ou à l'*authentique presente*, comme les femmes renonçaient au *velleien* ; et ces clauses devinrent tellement de style, notamment en Bourgogne, que lors de la réformation de la coutume, on crut devoir supprimer le bénéfice de la discussion comme tombé en désuétude. Cette coutume est cependant la seule où l'on trouve cette suppression, et son commentateur Chasseneux ne semble pas l'approuver (1).

(1) Chasseneux, in consuetud. Burg.

5.

77. On maintint donc généralement en principe le bénéfice de discussion; mais, vu son peu d'utilité et son peu de faveur, on le soumit à des conditions onéreuses pour la caution; on le regarda comme pure exception dilatoire, et on le plaça au rang des moyens de droit qu'on appelait dédaigneusement : *De apicibus juris.* En ceci nous croyons que notre ancienne pratique dénatura l'œuvre de Justinien. A tort ou à raison elle partait de l'idée que la caution est tenue à l'égal du débiteur principal, tandis que l'empereur ne la regardait que comme obligée subsidiairement et en cas d'insolvabilité du *reus.* Du reste, tous les jurisconsultes ne considérèrent pas de même le bénéfice de discussion; ils furent loin d'être d'accord sur sa nature et sur ses conditions; et ces divergences d'opinion prouvent bien qu'on n'avait pas suivi, strictement et sans le modifier, le droit de la novelle, tel qu'il était à l'origine. La confusion même, et les contradictions qui apparaissent dans la doctrine des auteurs, sont une preuve que l'usage avait altéré le type primitif; on n'était pas d'accord parce que les uns allaient plus loin que les autres dans la voie des altérations.

78. Ainsi Bartole pense que l'exception de discussion (car désormais c'est pour nous une exception), peut être opposée en tout état de cause, et qu'elle est péremptoire : *Ista exceptio opponi potest ante et post litem contestatum, et sic habet naturam litis finitæ.* Le juge pouvait-il suppléer cette exception? Il y avait controverse; et l'auteur que nous

citons en note ajoutait : *Est ista solemnitas de api-*
cibus juris et non est de æquitate. (1)

Voët et Cujas, comme nous avons eu déjà occasion de le dire, soumettaient le bénéfice de discussion
à toutes les conditions des exceptions dilatoires, sans
toutefois démêler la différence qu'il y avait entre la
caution jouissant du bénéfice de discussion tel qu'ils
le comprenaient, et les fidejussores indemnitatis du
droit romain. Ces auteurs et la pratique avaient raison,
à notre avis, de réagir contre le droit de Justinien,
trop rigoureux pour les créanciers ; mais cette réac-
tion, ils l'accomplissaient à leur insu, et non par logique et par méthode.

Ainsi l'usage s'introduisait de proposer l'exception
de discussion *in limine litis*, et de forcer la caution
à faire l'avance des fonds nécessaires pour la discussion du débiteur principal, afin que la faveur
qu'on accordait à la caution ne fût pas onéreuse
au créancier.

79. Mais, d'un autre côté, des auteurs éminents soutenaient que le bénéfice de discussion n'était pas une
grâce, qu'il était fondé en rigueur de droit, que la
caution n'était tenue que conditionnellement et à
défaut du débiteur.

Ainsi, Domat disait : « L'obligation du fidéjusseur
« n'étant qu'accessoire et subsidiaire de celle du
« principal obligé, et pour satisfaire à ce qu'il man-

(1) Bened. de Plumbino, *Perutilis tractatus de discussionibus,*
n° 20.

« quera d'acquitter, cette obligation est comme con-
« ditionnelle pour n'avoir son effet qu'en cas que le
« débiteur ne puisse payer. Ainsi, le fidéjusseur ne
« peut être poursuivi qu'après que le créancier, ayant
« fait les diligences nécessaires pour discuter le prin-
« cipal obligé, n'a pu être payé (1). »

Despeisses est plus précis encore : « Il n'est pas
« permis, dit-il, d'agir contre la caution que le
« créancier n'ait discuté le débiteur principal et l'ait
« fait voir insolvable en tout ou en partie, en sorte
« que la caution sera tenue seulement pour ce que le
« créancier n'aura pu retirer du débiteur.

« Et cela a lieu, ajoute-t-il, quand même la caution
« a déclaré faire sa dette propre de la somme due par
« le principal, et a dit s'obliger comme principal dé-
« biteur (sic Guy-Pape) ; Bacquet, titre des droits de
« justice, L. 21, num. 256. — Arrêt du Parlement
« de Paris de 1541.

« Le bénéfice pourra être invoqué, même si la cau-
« tion avait nié devant le juge son cautionnement ;
« même si elle s'est engagée avec serment, etc. —
« *Car il est de la nature de l'obligation fidéjussoire,*
« *que le fidéjusseur ne puisse être actionné avant le*
« *principal débiteur* (2). »

Denizart, d'après Puffendorff (3), enseigne que,
suivant les règles du droit naturel, l'engagement de
la caution n'est que subsidiaire. Elle s'oblige à payer

(1) Domat, Lois civiles, liv. III, tit. IV, sect. 2, n° 1.
(2) Despeisses, Des contrats, part. II, tit. II des cautions, sect. 3.
(3) Puffendorff, De jure nat. et gent., l. 5, ch. 10, § 11.

dans le cas seulement où le principal débiteur ne pourra le faire. « C'est pourquoi, *par la nature du* « *contrat, le créancier n'a d'action* contre la caution « qu'après avoir discuté les biens du débiteur prin- « cipal (1). » Il cite, à l'appui de son opinion, Loy- seau qui soutient, en effet, la même thèse (2).

Enfin, comme dernier écho de l'ancien droit, écou- tons Merlin se demander si notre exception est dila- toire : « Cela n'est pas vrai, dit-il, d'une manière « générale. L'exception de discussion est bien dila- « toire, en ce sens qu'elle tend à faire suspendre les « poursuites dirigées contre la caution, jusqu'à dis- « cussion du débiteur. Mais elle est aussi péremp- « toire en ce sens que, si le débiteur a de quoi « payer, elle amène la décharge de la caution. Aussi, « Balde, sur la loi dern. C. si certum petatur; Paul « de Castres, sur la loi Pæně, § ult. ff. de Cond. « Indeb.; Zangerus, de Except., part. 2, ch. 16, « n° 5, et Ferrière, sur Guy-Pape, § 94, enseignent « qu'on peut l'opposer en tout état de cause. D'Olive, « liv. 4, ch. 22, rapporte un arrêt du Parlement de « Toulouse, du 2 juillet 1636, qui l'a jugé sur ce fon- « dement : Que cette exception est irrégulière, qu'il « dépend de l'événement de la discussion qu'elle soit « jugée ou dilatoire, ou péremptoire; qu'on ne doit « donc pas la considérer comme purement dilatoire, « mais plutôt comme un remède et un bénéfice du

(1) Denizart, V° Discussion.
(2) Loyseau, Garantie des rentes, ch. 5, n° 5 et suiv.

« droit, auquel il est permis de recourir en tout
« temps et en chaque partie du procès ; enfin, que la
« condition des fidéjusseurs est si favorable, que,
« nonobstant toutes les subtilités du droit, la justice
« doit toujours être en état de les protéger, lorsqu'ils
« réclament son secours (1). »

Il y a loin de ces considérants du Parlement de
Toulouse, à cette disposition de la coutume de Bourgogne, que Denizart taxe d'extraordinaire : « Le
« créancier peut poursuivre son principal obligé, ou
« son *pleige*, pour tout son debt, lequel il veut choi-
« sir (2). »

80. Il y avait donc, sur notre matière, une grande
diversité d'opinions dans l'ancien droit.

Nous allons chercher, cependant, à déterminer
les principes généralement admis ; nous indiquerons
les points controversés avec les solutions les plus
universellement adoptées. Cela nous servira de tran-
sition pour arriver au Code Napoléon, qui a tranché
presque toutes les controverses, et établi une législation uniforme.

Les divergences dont nous avons parlé, existaient
surtout au point de vue théorique. On discutait surtout sur le principe du bénéfice de discussion et sur
sa nature. Les conséquences pratiques auraient dû
être différentes, suivant la doctrine qu'on embras-
sait ; elles l'étaient en effet quelquefois. Mais il est

(1) Merlin, Répertoire, V° Caution, § 4.
(2) Coutume de Bourgogne, tit. v, art. 3.

vrai de dire que, souvent, les auteurs donnaient sur les points spéciaux de notre matière, des décisions peu en harmonie avec leur principe. Il en résultait une uniformité incomplète, il est vrai, mais bien plus grande cependant qu'on n'aurait pu l'attendre des principes contradictoires que nos citations ont laissé apercevoir. En nous plaçant surtout au dernier siècle, où beaucoup de difficultés avaient disparu, nous pourrons donner un ensemble de règles générales qui, à quelques exceptions près, s'appliquaient à toute la France, sans distinction de pays de droit écrit et de pays de coutumes. Pour plus de clarté, nous diviserons ces règles en quatre sections.

SECTION I. — *Quelles cautions peuvent opposer le bénéfice de discussion?*

81. En principe, toutes les cautions ont le droit d'opposer le bénéfice de discussion. Les auteurs déclaraient unanimement qu'il fallait admettre le bénéfice dans les coutumes muettes, et les pays où le droit romain avait force de loi; ils se fondaient, les uns, sur ce que ce bénéfice résulte des principes du droit naturel, les autres, sur ce que l'équité et le désir d'éviter les procès doivent le faire adopter (1). On voit que déjà sur cette question on arrivait à une

(1) Denizart, Loco cit. Merlin, Ibid.

même conséquence en partant de deux principes différents. Certaines cautions étaient privées du bénéfice de discussion ; c'étaient :

1° Les cautions qui y avaient renoncé.

Mais on n'était pas d'accord sur les termes de la renonciation. Certains auteurs voulaient que la renonciation fût formelle et spéciale ; ils n'accordaient aucune valeur à ces renonciations devenues de style, et se formulant par ces mots vagues ou d'autres analogues :

Promettant, obligeant et renonçant (1).

Ces auteurs suivaient la règle : *ea quae sunt styli non operantur ;* et, en la suivant, ils avaient en vue non-seulement l'ignorance des parties, mais aussi celle des notaires, comme le prouve cette phrase d'un ancien jurisconsulte :

Quòd notarii ut plurimùm sint ignorantes, et si reperitur unus doctus et expertus, reperiuntur viginti quinque ignari et inexperti, nullam habentes notitiam similium beneficiorum (2).

Cependant, pour éviter les procès, et empêcher que chaque acte notarié contenant une clause de renonciation ne devînt un sujet de litige, on admettait en pratique les renonciations, quoique de style, quand elles étaient suffisamment formelles. Il faut reconnaître aussi que depuis Marsili, la proportion des

___

(1) Dumoulin, Tract. usur. quæstio 7, in fine. Coquille sur Nivernais, n° 182.

(2) Marsili, De fidej., n° 39.

notaires instruits et expérimentés était devenue plus forte.

C'était une question très-controversée que celle de savoir si la caution avait renoncé au bénéfice de discussion quand elle s'était obligée dans l'acte *comme débiteur principal*. Basnage dans son Traité des hypothèques, et Pothier dans son Traité des obligations trouvaient la renonciation suffisamment expresse, et disaient avec raison qu'autrement ces termes ne signifieraient rien du tout (1).

2° Les cautions judiciaires (2).

On supposait qu'elles s'étaient engagées solidairement ; on donnait aussi pour motif qu'il était de la nature de ce genre de cautionnement d'être très-rigoureux, et cela, *propter vigorem et auctoritatem judicii* (3).

3° Les cautions qui s'étaient engagées solidairement.

Cet engagement contenait une renonciation tacite au bénéfice de discussion.

4° Les cautions pour les fermes du roi.

Quoique l'ordonnance de Louis XII de l'an 1513 leur eût accordé l'exception, la jurisprudence leur avait enlevé ce droit, comme l'atteste ce passage de Henrys qui en donne la raison : « La caution du fer- « mier des droits ou revenus du roi peut être con-

____

(1) Secus, D'anciens arrêts du parlement de Paris; Despeisses, Des cautions, sect. 3; Guy-Pape, Quæst. 570, n° 6; Bacquet, titre Des droits de justice, ch. 21, nomb. 256.

(2) Louet, Lettre F, 23.

(3) Favre, Cod. l. 8, tit. xxviii, def. 8.

« venue avant le fermier principal, car on présume
« que telles cautions sont associées auxdites fer-
« mes (1). On tient cela pour maxime infaillible en la
« cour des comptes, aides et finances de Montpellier,
« et même, aujourd'hui, en toutes les compagnies
« souveraines du royaume, et notamment au conseil
« privé du roi (2). »

5° Les cautions commerciales.

La célérité et la sécurité des transactions commerciales exigent que les créanciers rentrent prompte-
ment dans leurs déboursés ; on conçoit donc qué
'exception de discussion fût exclue du commerce (3).

Comme le dit Casaregis : « Eam non patitur bonæ
« fidei exuberantia inter mercatores requisita (4). »

Mais cette exclusion du bénéfice n'avait lieu qu'entre commerçants ou personnes faisant acte de commerce. Le non commerçant pouvait parfaitement l'opposer au créancier commerçant envers lequel il se serait
obligé comme caution dans la forme ordinaire (5).

SECTION II.—*En quel cas la discussion peut-elle être opposée et à*
quel moment?

82. Le bénéfice de discussion peut être opposé
dans tous les cas où la discussion ne sera pas trop dif-

---

(1) Le Bret, Plaidoyer 42 in fine.
(2) Henrys, t. 11, p. 724.
(3) Emerigon, t. 11, p. 531.
(4) Casaregis, Disc. 68, n° 14.
(5) Favre, Cod. 8, 28, 3. Troplong, Du cautionnement, n° 234.

ficile, et où le débiteur n'est pas notoirement insolvable.

Chez les Romains, il n'y avait plus lieu au bénéfice quand le principal débiteur était absent. Chez nous, cette exception n'a plus la raison d'être qu'elle avait à Rome ; « les assignations et significations à « domicile, qui, selon notre procédure, ont le même « effet que si elles étaient faites à la personne même, « rendent la discussion du débiteur principal lors « qu'il est absent, aussi facile que s'il était pré « sent (1). »

Il faut encore, suivant Pothier, pour que le créancier soit forcé à discuter le débiteur principal, que la caution ait demandé la discussion et opposé l'exception ; car la demande et les poursuites du créancier sont bien fondées, tant que l'exception n'est pas opposée. Nous avons vu que ce principe avait été contesté, probablement par suite des souvenirs du droit romain ; mais, du temps de Pothier, il était généralement admis. On admettait aussi que cette exception étant dilatoire, elle devait suivre les règles de ces sortes d'exceptions; que, par conséquent, elle devait être opposée avant la contestation en cause (2) et qu'elle ne pouvait être suppléée par le juge (3). Ces deux conséquences étaient rejetées par ceux qui ne voyaient pas dans le bénéfice de discussion une simple exception dilatoire, entre autres Domat et Des

(1) Pothier, Traité des obligations, n° 409.
(2) Loi 12. Cod. De except.
(3) Arrêt du 1er sept. 1705, cité par Bretonnier sur Henrys.

peisses .Les mêmes auteurs rejetaient aussi la théorie de Pothier mettant à la charge de la caution les frais de la discussion des immeubles. Denizart (loco cit.) traite cette théorie de grave erreur de Pothier. C'était cependant devenu une règle générale dans la jurisprudence (1).

83. Pothier admettait une exception à la règle que la discussion doit être opposée avant la contestation en cause. C'était dans le cas où les biens dont on demandait la discussion étaient échus au débiteur, par succession par exemple, depuis la contestation en cause; car alors on ne pouvait admettre la présomption que la caution, en n'opposant pas de suite l'exception, y avait tacitement renoncé, puisque le fondement de cette exception n'existait pas (2). Ici Pothier se rencontrait avec les auteurs de l'opinion adverse, plus favorables en général à la caution.

SECTION III.—*Quels biens le créancier est-il obligé de discuter?*

84. Suivant les deux doctrines rivales que nous avons énoncées, la discussion devait être plus ou moins complète, on imposait plus ou moins de charges au créancier. Il était cependant reçu que la discussion ne pouvait pas être trop difficile.

La caution devait, selon Pothier, indiquer les biens

(1) Journal des audiences, t. 1, l. 5, ch. 25.

(2) Guthières et les docteurs par lui cités, Tract. de contract. Jurat. xxij, 18.

meubles et immeubles du débiteur autres que ceux
qui garnissaient sa maison (1); et elle n'était pas recevable après la discussion des biens indiqués, à en indiquer d'autres. L'indication devait se faire en une
seule fois (2). La discussion portait donc en principe
sur tous les biens meubles et immeubles du débiteur.
On avait nié autrefois que les offices dussent être discutés; mais la jurisprudence l'avait admis (3). Le
créancier ne pouvait être forcé à discuter les biens litigieux ni les biens situés hors du royaume, excepté dans
le cas où un débiteur étranger avait spécialement affecté à sa dette un immeuble situé hors de France (4).
Des auteurs voulaient même que les biens à discuter
fussent dans le ressort du parlement. Mais, dit Brodeau, le contraire se pratique tous les jours. Cependant la coutume de Bretagne n'imposait au créancier
que la discussion des biens situés dans la province (5).
Et le projet de règlement connu sous le nom d'Arrêtés de Lamoignon avait une disposition expresse
pour restreindre la discussion aux biens situés dans
le ressort du parlement où le créancier avait son domicile (6). Enfin le créancier n'était pas obligé de
discuter les biens hypothéqués par le débiteur prin-

(1) Pothier, Traité des obligations, n° 411.
(2) Arrêt du 20 janvier 1701. Bretonnier sur Henrys, t. IV, 31.
(3) Rousseau de la Combe, Recueil de jurisprudence, V° Discussion.
(4) Arrêt du 17 mars 1603.
(5) Cout. de Bret., art. 190.
(6) Arrêtés de Lamoignon, tit. des discussions, art. 20.

cipal, quand celui-ci les avait aliénés; d'après le droit de la novelle et de l'ancienne jurisprudence, c'étaient au contraire les tiers détenteurs qui avaient le droit de renvoyer à la discussion du débiteur principal et des cautions.

Si parmi plusieurs débiteurs solidaires, un seul avait été cautionné, la caution avait le droit de demander la discussion de tous les codébiteurs ; Pothier du moins le décidait ainsi, en justifiant sa décision par de solides raisons (1).

85. Il paraît qu'autrefois certaines personnes étaient regardées comme en dehors et au-dessus d'une discussion possible. Ainsi le roi, parce qu'il ne pouvait être insolvable. Suivant Despeisses la discussion ne devait pas non plus avoir lieu : « si le « débiteur principal est quelque grand seigneur ou « *homme querelleux.* » Cette seconde exception s'appuie, il faut l'avouer, sur un singulier motif; aussi l'annotateur de Despeisses, Rousseau de La Combe, fait-il remarquer, en termes assez vifs, que cette exception n'a plus lieu, et que personne, en France, n'est assez élevé, ni assez fort pour résister à la justice (2).

Auzanet cite cependant, sous l'art. 100 de la coutume de Paris, un arrêt du 20 nov. 1610 dispensant un créancier de la princesse de Condé de la discussion, comme étant impossible; la jurisprudence

____

(1) Sic Denizart, Loco cit.
(2) Despeisses, t. II, p. 680.

n'était pas certaine ; mais les princes du sang revendiquaient ce droit comme un de leurs priviléges.

86. Il y avait encore diversité d'opinions dans le cas où les biens du débiteur principal avaient été confisqués ; certains auteurs voulaient en ce cas que le créancier attaquât le fisc et non la caution (1). Enfin ceux qui regardaient l'obligation de la caution comme conditionnelle, voulaient qu'elle pût opposer la discussion, lors même que le débiteur était notoirement insolvable (2). L'opinion la plus générale repoussait cette prétention.

SECTION IV. — *Le créancier qui a manqué à faire la discussion est-il tenu de l'insolvabilité du débiteur ?*

87. Pothier enseigne que, si le créancier requis de discuter le débiteur, a laissé passer un laps de temps considérable, pendant lequel celui-ci est devenu insolvable, il peut revenir contre la caution, sans que celle-ci puisse lui opposer aucune fin de non-recevoir. Les raisonnements sur lesquels il appuie son opinion sont contestables, surtout quand il invoque la nov. 4. Denizart, qui est du même avis, donne pour raison que la caution peut payer et se faire subroger, si elle trouve que le créancier tarde trop ; mais qu'elle ne peut forcer le créancier à discuter dans un temps

(1) Fachin., Lib. VIII, cap. 55.
(2) Chopin, De moribus Paris. tit. II, nᵛ 1 in fine. Buguy, en ses lois abrogées, liv. VI, ch. 8.

fixe. Henrys rapporte un arrêt du parlement de Paris, du 17 février 1621, qui l'avait jugé ainsi pour un tiers détenteur; il fait observer qu'il y a identité de motifs pour un fidéjusseur, et que, de son temps, c'était l'opinion commune du barreau de Paris (1).

88. D'un autre côté, la coutume de Bretagne par son art. 192 donnait à la caution le droit de sommer le créancier de se faire payer dans un certain délai. Il est vrai que d'Argentré combat cette disposition tirée de l'ancienne coutume et dit qu'elle a été conservée, lors de la réformation, contre son avis (2).

89. On voit qu'en somme, deux principes rivaux avaient partagé notre ancien droit; certains auteurs regardaient l'obligation de la caution comme conditionnelle et subsidiaire et lui accordaient le bénéfice de discussion comme un droit. D'autres, soutenant que l'obligation de la caution est pure et simple, ne lui accordaient le bénéfice de discussion que comme une faveur conseillée par l'équité. Le premier système avait été, suivant nous, adopté par le droit de Justinien. Le second prévalut dans notre ancienne jurisprudence; mais ce ne fut qu'après de nombreuses controverses, de fréquentes variations. Jusqu'au Code Napoléon, il n'y eut pas de système absolument vainqueur, et l'on continua à confondre sous la même dénomination de bénéfice de discussion, les cas où il y avait exception dilatoire et ceux où il y avait nécessité juridique d'une discussion préalable.

(1) Henrys, t. II, l. 4, art. 34.
(2) D'Argentré sur l'art. 192 de la cout. de Bret.

90. Un dernier exemple nous servira à faire ressortir cette confusion. Nous l'empruntons aux principes de la garantie en matière de cession de créances, ou de rentes constituées.

Les auteurs distinguaient trois degrés dans cette garantie, parcequ'il y avait trois degrés ou trois sortes de clauses :

1° La clause par laquelle le cédant répondait de l'insolvabilité actuelle du débiteur.

2° La clause de fournir et faire valoir tant en principal qu'arrérages.

3° La clause par laquelle le cédant s'engageait personnellement au payement de la rente, sans que le cessionnaire fût obligé de faire préalablement la moindre poursuite contre le véritable débiteur de la rente.

Dans la seconde clause, qui est la seule que nous voulions envisager, on admettait que le cessionnaire n'avait pas d'action contre le cédant qu'il n'eût discuté le débiteur, « en sorte, dit Loyseau (1), que le débi« teur étant prouvé insolvable, par une discussion « exacte de tous ses biens, on peut avoir recours « contre le vendeur et le contraindre désormais à « payer et continuer la rente. »

Et cette discussion devait être complète pour que la condition sous laquelle le cédant était obligé se réalisât.

« Cette discussion, dit Brodeau, qui va à l'effet de

_____

(1) Traité de la garantie des rentes, ch. 1, n° 7. Sic Argou, p. 378.

6.

« montrer le débiteur insolvable, soit lors du transport
« de la rente, soit depuis, n'est bien ni suffisamment
« justifiée que *per solemnem auctionem bonorum*
« *debitoris*, et non par la simple relation d'un sergent
« contenue dans son exploit, comme il a été jugé par
« arrêt prononcé en robes rouges (1).

Voyons maintenant comment Loyseau explique la
différence qu'il y a entre la troisième clause, qui rend
le cédant débiteur pur et simple de la rente, et la
deuxième clause, qui ne lui impose qu'une garantie
conditionnelle : « C'est, dit-il, qu'alors (dans la se-
« conde clause) le cédant n'est point débiteur per-
« sonnel, que la garantie à laquelle il est soumis
« n'est que subsidiaire et qu'elle ne constitue en sa
« personne d'autre qualité que celle de caution du
« débiteur. Cela supposé il est aisé de colliger que
« sans doute le cédant qui a promis de fournir et
« faire valoir n'est qu'un fidéjusseur, et que pour tout,
« il n'est tenu qu'après discussion du débiteur d'i-
« celle. Même l'obligation qui résulte de cette clause
« n'est que conditionnelle (2). »

Voilà encore la caution mise sur le même rang
que des personnes soumises à une garantie conditionnelle, répondant seulement de l'insolvabilité du
débiteur principal. C'est absolument la théorie de la

---

(1) Brodeau, Lettre F, § 25, n° 4. Sic Bacquet, Traité des rentes
constituées, n° 5.
(2) Loyseau, loc. cit, n° 22.

novelle 4, cap. 2, *in fine*. Et cette théorie est encore reproduite par Merlin (1),

Maintenant que nous avons établi l'existence, dans notre ancien droit, d'une doctrine analogue à celle du droit romain sur le bénéfice des cautions, voyons quel était l'état de la jurisprudence, en ce qui concerne le bénéfice des tiers détenteurs.

(1) Répert., V° Garantie des créances.

CHAPITRE II.

Du bénéfice de discussion appartenant aux tiers détenteurs.

91. Nous avons toujours considéré jusqu'ici le bénéfice des tiers détenteurs parallèlement à celui des cautions.

C'est qu'en effet ces deux bénéfices nous paraissent avoir pour origine commune cette idée : qu'il est juste qu'une dette soit plutôt acquittée par le véritable débiteur que par ceux qui ne sont qu'accessoirement obligés.

Pour les cautions, nous croyons que l'ancien droit romain et Justinien, dans sa novelle 4, n'avaient vu dans leur obligation qu'une obligation conditionnelle. Nous avons dit aussi que Justinien n'avait soumis les tiers détenteurs qu'à une poursuite subsidiaire, une fois l'insolvabilité du débiteur principal suffisamment prouvée.

La théorie romaine fut reproduite dans notre ancien droit en ce qui concerne les cautions ; elle ne le fut pas en ce qui concerne les tiers détenteurs. Cette différence se comprend ; car la caution ayant contracté avec le créancier, on peut interpréter de diverses manières son engagement, donner plus ou moins d'étendue à son obligation. Le tiers détenteur, lui, n'a pas contracté avec le créancier. L'immeuble qu'il détient lui est arrivé grevé d'un droit réel, et si la loi suspend l'exercice de ce droit jusqu'à la discussion du débiteur principal, ce n'est pas en vertu des principes rigoureux du droit ; c'est par suite de la faveur que méritent les possesseurs de bonne foi ; c'est aussi pour faciliter la circulation des biens. A ce point de vue, la position des tiers détenteurs est moins favorable que celle des cautions.

Les divergences de nos anciens auteurs, sur la nature et les conditions du bénéfice appartenant aux cautions, dérivait, nous l'avons montré, de deux systèmes opposés, dont l'un attribuait un caractère de conditionnalité à l'obligation de la caution. Ces divergences disparaissent quand ils s'occupent du bénéfice des tiers détenteurs. En revanche, la différence entre les pays de droit écrit et les pays de coutume se dessine plus fortement.

92. Dans les pays de droit écrit, on suivait le droit de la novelle, ou du moins ce qu'on pensait être ce droit.

Les mêmes modifications qui avaient été apportées par la pratique à la nature du bénéfice des cautions, furent aussi appliquées au bénéfice des tiers détenteurs, et avec d'autant plus de facilité, que nul auteur ne les combattit, en attribuant un caractère conditionnel à l'obligation de ceux qui détenaient un immeuble hypothéqué à la dette d'autrui.

Les seuls motifs qu'on fit valoir pour les tiers détenteurs, c'était la faveur qui s'attache à la possession de bonne foi, et l'utilité qu'il y a à ne pas entra-
ver la circulation des biens. Ces raisons puissantes
en équité ne combattaient pas directement le droit
du créancier ; elles pouvaient conduire seulement à
paralyser momentanément son action par une exception dilatoire accordée aux tiers poursuivis hypothécairement. Aussi le bénéfice des tiers détenteurs
prit-il de bonne heure et presque sans contestation,
le caractère d'exception dilatoire. On le soumit par
conséquent à toutes les conditions de ces sortes d'exceptions. Ainsi le tiers détenteur dut proposer l'exception de discussion « in limine litis; » sans quoi,
il était censé y avoir renoncé. Comme cette exception
était une pure grâce, il ne fallait pas qu'elle devînt
trop onéreuse au créancier. De ce principe on tirait
les conséquences suivantes :

Le tiers détenteur devait indiquer les biens à discuter, et fournir les deniers suffisants pour la discussion (1). Il ne pouvait indiquer ni des biens litigieux,
ni des biens situés hors de France ; la jurisprudence
tendait même à restreindre la discussion aux biens situés dans le ressort du parlement où le créancier avait
son domicile. Mais il y avait des arrêts contraires.
On admettait généralement que le créancier qui avait
négligé de discuter le débiteur n'était pas responsable de l'insolvabilité de ce débiteur, survenue dans le

____

(1) Arrêts notables de La Combe.

délai que lui avait laissé le défaut de poursuites; ce point, nous l'avons vu, était beaucoup plus controversé quand c'était une caution qui opposait le bénéfice de discussion. Nous ne répéterons pas ce que nous avons dit du bénéfice des cautions, mais on peut appliquer en général, à l'exception des tiers détenteurs, tout ce que nous avons dit de l'exception des cautions, en ayant soin de suivre sur les points controversés, le système qui n'accordait aux cautions qu'une exception dilatoire, système qui a fini par triompher et qui, avant de passer dans notre code, avait été résumé par Pothier dans son traité des obligations (1).

93. Il y avait aussi des règles spéciales au bénéfice des tiers détenteurs ; nous en parlerons bientôt, quand nous aurons donné une idée de l'état du droit dans les pays de coutumes. Mais avant d'aborder cette étude, nous voulons faire une dernière remarque.

Le bénéfice des tiers détenteurs prit sans doute bien plus tôt et bien plus généralement que celui des cautions, le caractère d'exception dilatoire, mais il y eut cependant un travail de formation, une marche du droit tendant à rendre plus difficile l'exercice de cette exception; certaines conditions, comme par exemple l'avance des deniers suffisants ne furent admises qu'assez tard. Tout cela prouve que notre ancien droit n'adopta pas le bénéfice de discussion te[l]

____

(1) Pothier, Tr. des obl., n° 407 et suiv.

que l'avait créé Justinien ; et les modifications se succèdant toujours dans un même sens constituent un éloignement progressif du type premier, type qui du reste était très-imparfaitement connu, et dont on s'explique facilement les altérations en songeant· combien les créanciers étaient intéressés à améliorer la position peu avantageuse qui leur était faite par la novelle 4.

94. Les coutumes n'admettaient pas toutes, et dans la même mesure, le bénéfice de discussion au profit des tiers détenteurs. Sous ce rapport, Denizart dit qu'on pouvait les diviser en six classes :

1° Certaines coutumes refusaient expressément ce bénéfice. C'étaient les coutumes : de Bourgogne, tit. 5, art. 3 ; d'Auvergne, chap. 4, art. 2 ; de Clermont, art. 40 ; de Châlons, art. 132 ; du Grand-Perche, art. 205 ; de la Marche, art. 370 ; de Dourdan, art. 55. La coutume de Bourgogne était muette ; mais comme elle avait refusé le bénéfice de discussion à la caution, la jurisprudence avait étendu cette exclusion aux tiers détenteurs.

2° La coutume de Sedan, art. 264, était conforme à la nov. 4, et admettait le bénéfice d'une manière générale.

3° Quelques coutumes, en admettant le bénéfice, faisaient exception pour les rentes auxquelles un immeuble est hypothéqué. *Sic :* Paris, 101 ; Anjou, 484 ; Reims, 183 ; Amiens, 153.

4° D'autres coutumes distinguaient entre l'hypothèque générale et l'hypothèque spéciale, et admet-

taient le bénéfice de discussion contre la première,
en le refusant contre la seconde. *Sic :* Bourbon, 136
et 137; Sens, 134; Auxerre, 132 et 133; Tours, 217,
218; Orléans, 436.

5° D'après l'art. 131 des arrêtés du parlement de
Rouen : « Pour jouir du bénéfice de discussion, le
« tiers acquéreur est tenu de bailler déclaration des
« bouts et côtés des héritages possédés par le débi-
« teur, pour être adjugés par décret, à ses périls et
« fortunes, et bailler caution de faire payer le saisis-
« sant de sa dette, en exemption des frais du décret
« et du treizième. » On voit que c'est presque notre
droit actuel. »

6° Dans la coutume de Nivernais, le tiers détenteur qui n'avait pas trois ans de possession ne pouvait opposer l'exception de discussion. C'était un
usage de la province fondé sur l'interprétation de
l'art. 42, tit. 32 de la coutume.

95. Malgré ces diversités dans les coutumes, on
peut dire que les tiers détenteurs pouvaient, de droit
commun, opposer l'exception. Cette exception était
de pure grâce; mais elle était d'un grand usage et
d'une grande utilité pour les acquéreurs, à cause du
caractère occulte et du nombre considérable des hypothèques générales dans notre ancien droit. A la
différence des pays de droit écrit, les coutumes, n'a-
vaient pas admis d'abord que la simple convention
pût conférer hypothèque; mais elles avaient attribué
cet effet aux jugements. Tout jugement emportait
hypothèque générale sur les biens du débiteur con-

damné. On étendit cela des jugements aux actes notariés qui, eux aussi, avaient force exécutoire ; car on confondait l'hypothèque avec la force exécutoire ; on en fit des espèces de jugements, et la preuve s'en trouve dans l'ancien style des notaires qui employaient cette expression en parlant des parties qui comparaissaient devant eux : *dont nous les avons jugées et condamnées.*

L'ordonnance de 1539 établit, d'une manière générale, que tout acte passé par-devant notaires entraînerait hypothèque générale sur les biens du débiteur, et qu'il en serait de même de toute cédule privée portant promesse de payer, du jour de la confession ou reconnaissance d'icelle faite en jugement. Si, à toutes ces hypothèques générales et occultes, on ajoute les hypothèques légales de la femme mariée, du mineur, etc., on voit que l'acquisition des immeubles était une chose très-périlleuse, et que le bénéfice de discussion était une ressource précieuse et en même temps très-juste pour les acquéreurs. La purge, du reste, ne fut organisée que par l'édit de 1771. Avant cet édit, il n'y avait pas de formalités spéciales, seulement on arrivait à un résultat analogue par un accord entre le vendeur et l'acquéreur. Comme il était admis que l'expropriation ou décret forcé purgeait les hypothèques, le vendeur consentait un acte notarié à son acheteur qui, armé de cet acte, l'expropriait du bien vendu. C'est ce qu'on appelait le *décret volontaire* (1).

(1) Il y avait cependant dans la coutume de Bretagne, ce qu'on

96. Certaines coutumes, dites de *nantissement*, avaient cependant conservé l'ancien droit en matière d'hypothèques conventionnelles. Et comme dans ces coutumes on ne pouvait acquérir aucune hypothèque sans ensaisinement, nantissement ou mise de fait; comme d'un autre côté, les registres qui renfermaient les actes étaient publics, aucun acquéreur ne pouvait se plaindre d'être chargé d'une hypothèque dont il avait dû avoir connaissance ; c'est ce qui fait, disent les anciens auteurs, qu'autrefois nul acquéreur ne pouvait opposer la discussion. Mais on appliqua à ces pays l'ordonnance de Moulins, de 1566, qui organisait l'hypothèque judiciaire, et alors on crut que les acquéreurs, n'ayant plus la même facilité pour connaître les hypothèques en vertu de sentences, il était convenable de leur accorder le bénéfice de discussion.

97. Dans une de ces coutumes de nantissement, celle de Ponthieu, il existait deux usages bien remarquables. Le premier était de considérer le bénéfice comme appartenant de droit au tiers détenteur, et d'obliger en conséquence le créancier qui l'assignait en déclaration d'hypothèque, à lui demander en même temps d'indiquer des biens susceptibles de discussion. Le second consistait à obliger le créancier d'avancer les frais de la discussion. Ces deux usages si peu en har-

appelait *l'appropriance*. C'était un moyen de purger par des publications et un certain délai, les droits réels et même le droit de propriété. La *Lecture des contrats*, en Normandie, forçait aussi certains droits à se faire connaître dans un bref délai.

monie avec le droit des autres coutumes, furent vivement combattus, et l'on peut dire qu'ils furent à peu près abrogés par la jurisprudence.

98. On a vu, par ce que nous venons de dire de l'ancien régime hypothécaire, que le principal motif de l'exception accordée aux tiers détenteurs, c'était de les protéger contre des hypothèques occultes et fort nombreuses.

Cette exception eut donc une grande importance et elle fut plus usitée que celle des cautions, parce que les renonciations ne vinrent pas l'annuler presque complétement en fait.

Pothier nous apprend en effet que l'exception ne pouvait être repoussée sous le prétexte que l'hypothèque aurait été créée avec la clause qu'il n'y aurait pas d'autre discussion. Le tiers détenteur ne pouvait pas, par une convention étrangère, être privé d'une exception introduite en sa faveur. L'exception était maintenue lors même que l'acquéreur avait eu connaissance de l'hypothèque ou qu'il avait acquis à la charge de l'hypothèque, pourvu qu'il n'eût pas acquis à la charge de la dette.

Mais celui qui était tenu personnellement de la dette, quelque petite que fût la part pour laquelle il était tenu, ne pouvait opposer la discussion (1).

On appliquait alors le principe posé par Bartole : *Quoties personalis actio cum hypothecariá concurrit, nec discussioni, nec divisioni locus est.*

____

(1) Pothier, Intr. au tit. 20 de la coutume d'Orléans, n° 34 à 37.

Le tiers détenteur n'était pas non plus reçu à l'exception, lorsque l'héritage acquis était spécialement hypothéqué à une rente constituée (1).

Quant à l'acquéreur poursuivi pour le payement d'une rente foncière ou autre charge de la même qualité, soit annuelle, soit casuelle, il ne pouvait demander la discussion des biens du vendeur, même par rapport aux arrérages échus avant l'époque de la vente. La raison en était, que c'était la chose qui devait principalement dans ce cas (2).

99. Les tiers détenteurs pouvaient requérir la discussion du débiteur principal dans tous ses biens meubles et immeubles, sans distinguer pour ces derniers s'ils étaient hypothéqués ou non.

Mais pouvaient-ils requérir la discussion d'autres tiers acquéreurs, par exemple de ceux dont l'acquisition était postérieure? On décidait généralement que non. Cependant Loyseau prétendait que celui qui est sujet à une hypothèque générale peut obliger le créancier à discuter les héritages spécialement obligés. Le fondement de cette doctrine était la loi 9, C. *de Distractione pignorum*. Mais elle aboutissait à ce résultat bizarre, que le créancier qui avait stipulé une hypothèque spéciale était dans une position moins avantageuse que s'il s'était contenté d'une hypothèque générale. Aussi l'usage s'introduisit d'insérer dans les contrats la clause : que la spéciale ne nuirait pas à la

<hr>

(1) Art. 436 de la cout. d'Orléans.
(2) Loyseau, Du déguerpissement, l. 3, ch. 8, n° 10.

générale. Au temps de Pothier, cette clause était devenue de style; elle était même regardée comme sous-entendue quand on n'avait pas pris soin de l'insérer formellement dans l'acte.

100. Nous avons dit en parlant des cautions, qu'elles ne pouvaient renvoyer le créancier à discuter les immeubles possédés par des tiers détenteurs, sur ce motif, disaient Domat et Loyseau, qu'autrement le cautionnement serait presqu'inutile, et qu'on entraverait par trop l'exercice des droits des créanciers.

Les tiers détenteurs pouvaient au contraire opposer la discussion des cautions; c'était du moins l'opinion générale, celle de Pothier notamment (1). En faut-il conclure que les tiers détenteurs étaient plus favorables dans notre ancien droit que les cautions? Nous ne le pensons pas; car d'un autre côté Pothier déclarait que la caution était déchargée si le créancier avait fait remise de l'hypothèque à un tiers détenteur (2). Une pareille faveur semble emporter comme conclusion nécessaire, que l'insolvabilité du débiteur sera en définitive à la charge du tiers détenteur. Et cependant Pothier enseigne ailleurs que le tiers détenteur a le droit de discussion contre la caution, et de plus le droit, quand il n'oppose pas l'exception, de recourir contre elle pour répéter tout ce qu'il a été contraint de payer (3). Mal-

____

(1) Secùs Denizart, V⁰ Discussion.
(2) Traité des obligations, n° 520.
(3) Introduction au tit. xx de la cout. d'Orléans.

gré le respect que nous professons pour Pothier, nous ne pouvons nous empêcher de voir là une contradiction flagrante. Une pareille doctrine est illogique et conduit à des résultats inadmissibles. Nous le montrerons dans notre troisième partie, en expliquant l'art. 2170.

101. Une autre question s'élevait à propos du bénéfice des tiers détenteurs. Le créancier qui agissait contre un tiers, détenteur de biens qui avaient appartenu à un des débiteurs et qui étaient hypothéqués à la dette, pouvait bien être renvoyé à discuter les biens de ce débiteur. Mais pouvait-on aussi le contraindre à discuter les biens des autres débiteurs solidaires? Certains auteurs décidaient que non, et appuyaient leur opinion sur ce que le bénéfice de discussion est une pure grâce accordée aux tiers détenteurs (1).

Ils en concluaient *à fortiori* que, contrairement à la novelle 4, le créancier ne pouvait être renvoyé à discuter la caution. Cette seconde solution était, comme nous venons de le dire, généralement repoussée. La première l'était aussi; mais nous avons cru devoir insister sur cette controverse, parce qu'elle nous servira à expliquer l'art. 2170 de notre Code.

Nous remarquerons, pour le même motif, que le tiers détenteur pouvait opposer la discussion de tous les biens restés en la possession des débiteurs ou des cautions, et non pas seulement des immeubles hypo-

______

(1) Sic : deux arrêts du parlement de Paris , du 27 février 1657, et du 3 mars 1676.

théqués à la dette, comme l'a voulu notre Code. On peut donc déjà prévoir, par ces deux rapprochements, que notre droit a continué à suivre la tendance que nous avons remarquée dans notre ancienne jurisprudence, et que le Code Napoléon a encore restreint l'importance du bénéfice de discussion, en le soumettant à des conditions plus onéreuses.

APPENDICE.

102. Il y avait dans notre ancien droit de nombreuses espèces, dans lesquelles certaines personnes n'étaient tenues qu'après une discussion préalable.

Ainsi, les héritiers, pour parfaire la légitime, ne pouvaient attaquer les premiers donataires avant d'avoir discuté les donataires postérieurs. Ainsi encore, les tiers détenteurs des immeubles faisant partie des donations, et aliénés par les donataires, ne pouvaient être poursuivis que discussion faite des donataires ou des acquéreurs postérieurs. De même, les créanciers qui voulaient exercer l'action révocatoire, devaient, avant d'actionner les tiers qui avaient acquis du débiteur, discuter les biens de ce dernier, pour constater son insolvabilité, puisque cette constatation pouvait seule prouver le préjudice qui leur avait été causé, et par suite, déterminer l'admission de leur action.

Nous ne nous occuperons pas de ces diverses espèces et d'autres semblables, parce qu'elles ne rentrent pas dans notre sujet.

Nous ne voyons plus là, en effet, un bénéfice de

discussion. La discussion est, dans tous ces cas, un droit rigoureux qui résulte des principes; ce n'est plus une faveur accordée par dérogation aux règles ordinaires. Il y a donc une différence théorique qui emporte des différences pratiques. La personne qui agit est contrainte à la discussion par la loi elle-même, et non par une exception qu'on lui oppose. Et il ne peut être question de conditions plus ou moins onéreuses, imposées à ceux qui opposent cette exception. Une autre différence, c'est que la discussion doit être complète, et non limitée à certains biens; car le créancier n'a plus en face de lui des personnes qui invoquent une faveur de la loi, mais des tiers qui se prévalent de leurs droits.

103. Il y avait encore dans notre ancienne jurisprudence des règles relatives à la discussion dont nous ne nous occuperons pas, parce qu'elles se rapportent à la discussion entre les biens d'une même personne et non entre diverses personnes obligées à des titres différents.

Ainsi dans le droit romain, le créancier de tout débiteur, majeur ou mineur, devait vendre ses meubles avant ses immeubles (1).

Cet ordre, fondé sur l'importance comparative des biens, avait été d'abord suivi en France; il fut aboli par l'art. 74 de l'ordonnance de Villers-Cotteret de 1539. Mais l'obligation de discuter les meubles des mineurs avant de faire vendre leurs immeubles par

____

(1) Loi 15, § 2, ff. De re judicatâ.

7.

décret, se conserva généralement malgré l'ordonnance, et même quelques coutumes continuèrent à
suivre complétement l'ordre établi par le droit romain. On peut citer notamment la coutume d'Artois,
la plupart des coutumes de Flandre, la Franche-
Comté, en vertu de l'ordonnance de Philippe II, roi
d'Espagne, de 1585 ; enfin la Lorraine qui était régie
par un article de l'ordonnance de 1707, ainsi conçu :
« Avant de pouvoir décréter les immeubles d'un dé-
« biteur, discussion sera faite de ses meubles meu-
« blants qui se trouvent en son domicile, à peine
« de nullité, et même des meubles gisants avant que
« des pâturants. »

Nous avons cru devoir dire quelques mots de ces
diverses règles, parce que plusieurs ont passé dans
nos lois actuelles. Mais, nous le répétons, elles ne
rentrent pas directement dans notre sujet, puisque
nous ne nous occupons du bénéfice de discussion
que comme une faveur accordée à certaines personnes.

LÉGISLATION INTERMÉDIAIRE.

104. La législation intermédiaire ne changea rien
aux droits des cautions. Mais la position des tiers
détenteurs fut profondément modifiée par la loi du
11 brumaire an VII. Nous pensons, en effet, comme
la presque unanimité des auteurs (1), que cette loi

(1) Notamment MM. Grenier, Persil et Troplong.

enleva aux tiers détenteurs le bénéfice de discussion. La Cour de cassation l'a ainsi jugé par un arrêt du 16 décembre 1806. Nous n'adopterons pas tous les considérants de cet arrêt, notamment celui qui est tiré de l'art. 16 de la loi de brumaire. Cet article établit le droit de suite à peu près dans les mêmes termes que l'art. 2166 de notre Code. Mais le droit de suite du créancier n'est pas une négation de l'exception du tiers détenteur ; et ce qui le prouve, c'est que l'art. 2170 vit depuis près de cinquante ans en parfaite harmonie avec l'art. 2166. Nous ne voyons pas non plus quel argument on peut tirer de l'art. 16 de la loi de brumaire, qui indique où devront se faire les inscriptions; mais plusieurs motifs nous déterminent à reconnaître que la loi de l'an VII supprima le bénéfice de discussion des tiers détenteurs.

En premier lieu, cette loi ne dit pas un mot de l'exception de discussion, et comme elle était destinée à former un code complet et nouveau sur la matière hypothécaire, une pareille omission équivaut presque à une exclusion formelle.

En second lieu, l'art. 66 déclare « abrogées toutes « les lois, coutumes et usages antérieurs sur les con- « stitutions d'hypothèques et sur les moyens de con- « sommer et consolider les aliénations d'immeubles, « et d'en purger les hypothèques. »

Enfin, nous concevons parfaitement la suppression du bénéfice de discussion, en considérant que la loi de brumaire établissait des conditions absolues de spécialité et de publicité; car le bénéfice de discussion

est accordé aux tiers détenteurs en vue des hypothèques générales et occultes.

Cela est si vrai, que lorsqu'un projet de réforme
hypothécaire fut présenté à la dernière Assemblée
législative, le bénéfice de discussion fut supprimé,
sur ce motif que les hypothèques devenaient toutes,
dans le nouveau projet, spéciales et publiques. Or, ce
projet était un retour presque complet à la loi du
11 brumaire an vii (1).

(1) *V.* le rapport de M. de Vatimesnil, séance du 25 avril 1850.

TROISIÈME PARTIE.

Droit français actuel.

————◦◦◦————

105. Nous avons étudié jusqu'ici les transformations du bénéfice de discussion. Nous avons montré que depuis Justinien, la législation et surtout la pratique avaient eu une tendance marquée à restreindre le bénéfice de discussion, et à faire prédominer les droits des créanciers sur ceux des cautions et des tiers détenteurs. Dans le dernier état de notre ancien droit français, le bénéfice de discussion est devenu une exception dilatoire de pure grâce, fondée sur l'équité, et non un droit positif découlant rigoureusement des principes. En conséquence, l'exercice de cette exception a été assujetti à certaines conditions assez onéreuses pour ceux qui l'opposent, et la discussion a été restreinte à certains biens. Les législateurs de 1804 ont encore renfermé dans des limites plus étroites, l'exception de discussion. Ils ont achevé de tirer les conséquences du principe qui avait fini

par prévaloir dans notre ancien droit ; la nature de l'exception accordée aux cautions et aux tiers détenteurs ressort aujourd'hui clairement des textes de notre Code. Il ne nous paraît plus possible de confondre la discussion de droit avec la discussion de faveur, opposée sous forme d'exception. Et si nous mentionnons dans un appendice les cas où certains obligés ne peuvent être poursuivis qu'après une discussion préalable, qui est comme la condition de leur obligation, nous le ferons très-brièvement, par élimination, et pour montrer qu'on ne peut appliquer à ces cas tout différents les règles formulées par le Code Napoléon, pour l'exception de discussion.

106. Nous ne reconnaîtrons sous l'empire de nos lois actuelles que deux applications du bénéfice de discussion : l'exception accordée aux cautions, et l'exception accordée aux tiers détenteurs. Nous en traiterons dans deux chapitres différents. Dans un troisième chapitre nous examinerons quelques questions importantes qui s'élèvent à propos du bénéfice de discussion, notamment celles qui résultent de l'antagonisme des cautions et des tiers détenteurs. Enfin, dans un appendice, nous énumérerons quelques cas où le créancier est obligé de droit à une discussion préalable, et nous ferons voir qu'on doit soigneusement distinguer ces différents cas de l'exception de discussion proprement dite.

CHAPITRE PREMIER.

Du bénéfice de discussion accordé aux cautions.

107. Le Code Napoléon a maintenu le bénéfice de discussion que notre ancien droit accordait aux cautions; le législateur a eu, en effet, d'excellentes raisons pour le maintien de ce bénéfice. La caution rend de grands services au crédit; son intervention facilite beaucoup d'affaires qui ne se contracteraient pas sans elle. Le bénéfice qu'on lui accorde est donc conforme à l'équité, pourvu que le créancier n'ait pas trop à en souffrir. Il a pour excellent résultat de prévenir les recours de la caution contre le débiteur, et d'éviter ainsi des procès. Ne pas l'admettre, serait du reste une rigueur bien grande à l'égard de personnes qui, souvent, ne s'obligent que par un sentiment de bienfaisance et de générosité. Tous ces motifs ont été développés lors de la confection du Code (1), et ont eu pour conséquence l'art. 2021 qui

(1) Exposé des motifs par le conseiller d'Etat Treilhard, et rapport fait au tribunat par le tribun Chabot.

accorde formellement à la caution le bénéfice de discussion.

Mais quelle est la nature de ce bénéfice ? Est-ce seulement une grâce, une faveur faite à la caution, ou bien celle-ci n'est-elle tenue de payer qu'en cas d'insolvabilité du débiteur principal ? Suivant nous, le bénéfice de discussion n'est qu'une exception de faveur, une dérogation aux règles rigoureuses du droit, introduite au profit de la caution pour les raisons que nous venons d'énoncer. Les poursuites du créancier contre la caution sont parfaitement fondées, même avant la discussion du débiteur, et elles suivront leur cours, si la caution n'oppose l'exception de discussion en temps utile.

108. La doctrine contraire semble cependant ressortir du rapprochement des articles 2011 et 2021. L'art. 2011 porte en effet que : « Celui qui se rend « caution d'une obligation se soumet envers le créan- « cier à satisfaire à cette obligation, *si le débiteur n'y* « *satisfait pas lui-même.* » Les termes de cet article peuvent prêter à l'équivoque ; mais les rédacteurs du code ont évidemment suivi la doctrine de Pothier qui enseignait que l'obligation de la caution est *pure et simple* (1). Ils ont placé dans l'art. 2011 le germe du bénéfice qu'ils se réservaient de développer plus tard. Ils ont voulu dire aussi que l'obligation de la caution ne déchargerait pas le débiteur principal, et distinguer son rôle de celui de l'*expromissor* qui, lui,

____

(1) Traité des obligations, n° 413.

prend la place du débiteur en le libérant. Le correctif de l'art. 2011 et de l'art. 2021, qu'on peut également nous opposer, se trouve dans l'art. 2022, d'après lequel : « le créancier n'est obligé de discuter « le débiteur principal que lorsque la caution *le re-* « *quiert, sur les premières poursuites* dirigées contre « elle. »

D'ailleurs on ne comprendrait pas les conditions auxquelles le Code subordonne le bénéfice de discussion, si l'obligation de la caution n'était que conditionnelle. Nous avons déterminé la nature de l'exception de discussion ; il nous reste à examiner : Quelles cautions peuvent l'opposer ; à quelle époque elle doit être opposée ; à quelles conditions la loi soumet son exercice. Enfin, lorsque la caution a rempli les conditions imposées, qui doit souffrir de l'insolvabilité du débiteur, survenue par la négligence du créancier à poursuivre. Ces quatre questions feront l'objet de quatre sections.

SECTION I.—*Quelles cautions peuvent opposer le bénéfice de discussion?*

109. En principe, et d'après les termes même de l'art. 2021, toute caution jouit du bénéfice de discussion. Mais cette règle se trouve considérablement restreinte par les exceptions qu'il faut y faire. Ainsi ne jouissent pas du bénéfice de discussion :

1° Les cautions qui y ont renoncé, et cette exception se rencontrera souvent dans les cautionnements conventionnels, car les créanciers exigent presque toujours de semblables renonciations ; et les notaires même, sans que les parties en parlent, omettent rarement d'insérer cette clause de renonciation dans l'acte qui constate le cautionnement. Quoique devenue de style, cette clause nous paraît devoir être respectée si elle est suffisamment expresse. Nous pensons, comme Pothier, que si la caution s'est engagée *comme débiteur principal*, ces expressions sont une renonciation implicite au bénéfice de discussion ; car autrement elles n'auraient aucun sens.

2° Les cautions qui se sont engagées solidairement ; car un pareil engagement est une renonciation tacite au bénéfice de discussion ; et nous devons dire que cet engagement solidaire de la caution est bien souvent aussi une clause de style que le formulaire des actes notariés a emprunté aux anciennes traditions.

3° Les cautions judiciaires.

Le Code, conformément à notre ancienne jurisprudence, refuse le bénéfice aux cautions judiciaires, afin d'assurer aux jugements une plus prompte exécution. Ainsi, malgré les termes généraux de l'article 2021, il arrive en fait que, des trois classes de cautions, les cautions légales seules peuvent dans tous les cas et d'une manière absolue exciper du bénéfice de discussion.

4° La caution qui a hérité du débiteur principal et a accepté sa succession purement et simplement ; car alors elle représente son auteur, et elle est tenue comme débiteur principal.

5° La caution d'un vendeur, qui agit contre l'acquéreur en revendication de la chose vendue. Si dans cette hypothèse, l'acquéreur repousse la caution demanderesse par l'exception : *Quem de evictione tenet actio....*, il est évident que la caution ne pourra repousser cette exception en renvoyant l'acquéreur à discuter les biens du vendeur, car le vendeur n'est pas ici en cause. Ce que l'acquéreur veut éviter, c'est l'éviction qui le menace; et cette éviction est le fait personnel de la caution. Elle seule est exposée au recours de l'acquéreur, parce que seule elle peut satisfaire à l'obligation de le garantir, en retirant sa propre demande.

6° Le commerçant qui s'est engagé comme caution en matière commerciale; car le commerce vit surtout de ponctualité; les commerçants ont besoin d'être payés à jour fixe, sous peine de très-graves inconvénients, et la discussion entraîne des difficultés et des longueurs. Cette exception que nous énonçons a été contestée (1) par la raison qu'elle n'est écrite nulle part d'une manière formelle, et qu'on doit appliquer les art. 2021 et 2022, toutes les fois que la loi n'y a pas expressément dérogé. Mais l'opinion que nous adoptons était admise par tous les anciens auteurs qui ont écrit sur le commerce, notamment Casaregis et Straccha. Rien n'indique que le Code ait voulu

(1) M. Dalloz, n° 176.

abroger cette ancienne jurisprudence fondée sur les nécessités du commerce; et s'il ne l'a pas expressément reproduite, il ne faut pas oublier qu'en matière commerciale les traditions et les usages sont de la plus haute importance et servent souvent à compléter les lois écrites.

En outre, le cautionnement entre commerçants n'est presque jamais gratuit; le principal motif qui a fait admettre le bénéfice de discussion manque donc dans l'espèce.

Si le législateur a pris soin, dans l'art. 142 du Code de commerce, de dire que le donneur d'aval serait tenu solidairement, et par suite ne pourrait invoquer le bénéfice de discussion, il ne faut pas en conclure qu'il a entendu accorder ce bénéfice à toutes les autres cautions commerciales. Rien ne nous prouve que l'art. 142 ait un sens restrictif et autorise l'application de la règle : *Qui de uno dicit, negat de altero.* Il nous semble au contraire que notre solution est conforme à l'esprit de la loi qui suppose la solidarité dans presque tous les engagements commerciaux. Ajoutons du reste que nous appliquerions l'art. 2021, dans le cas où un non-commerçant aurait cautionné dans la forme ordinaire un commerçant.

110. Outre ces six exceptions, faut-il en faire une autre et refuser le bénéfice de discussion à la caution envers laquelle le créancier se trouve débiteur pour d'autres causes, lorsque ce créancier, poursuivi par elle, lui dit : Il y a compensation?

Le seul auteur (1) qui, à notre connaissance, soutienne cette opinion, se contente de dire que c'est celle de Balde et d'un grand nombre de docteurs cités par Hering. On peut cependant donner une raison assez plausible à l'appui de ce système; on peut dire que toutes les conditions que la loi exige pour la compensation se trouvent réunies. Mais cela ne nous paraît pas complétement exact; car, si la caution peut repousser l'action du créancier par l'exception de discussion, il n'est pas vrai de dire, absolument, que la dette soit exigible à son égard.

Quel est le but du bénéfice de discussion? C'est d'éviter à la caution les inconvénients d'une avance d'argent. Pourquoi donc lui imposer la charge de cette avance dans le cas où le créancier est, pour une autre cause, son débiteur? On arrivera alors aux résultats les plus bizarres et les plus iniques. En effet, si le créancier, sur les poursuites de la caution, la paie, elle pourra opposer le bénéfice de discussion. Si, au contraire, il refuse de la payer, sous prétexte qu'il y a compensation, elle ne pourra opposer ce bénéfice, c'est-à-dire qu'on supprimera le bénéfice précisément dans le cas où il serait le plus utile et le plus juste, puisque les poursuites de la caution contre le créancier prouvent qu'elle a besoin de son argent.

(1) M. Troplong, Du cautionnement, n° 235.

SECTION II. — *A quelle époque l'exception de discussion doit-elle être opposée?*

111. D'après la théorie du Code, l'action du créancier est valablement intentée contre la caution, même *omisso reo*, puisque la caution ne peut plus invoquer le bénéfice de discussion, si elle ne l'a opposé sur les premières poursuites. L'art. 2022 a tranché dans ce sens les controverses qui divisaient nos anciens auteurs. Les termes de cet article ne présupposent pas le moins du monde que le créancier soit forcé de former d'abord une demande judiciaire contre le débiteur principal. Mais faut-il au moins que ce débiteur ait été mis en demeure avant que le créancier puisse s'adresser à la caution? Des auteurs (1) l'ont pensé et ont appuyé leur opinion sur les art. 2011 et 2021, disant que la caution n'est obligée de payer que si le débiteur ne remplit pas son engagement, *si reus non solverit*; que, par suite, le créancier doit justifier de l'accomplissement de cette condition. Nous avons réfuté par avance cette opinion, en indiquant comment il fallait entendre les art. 2011 et 2021. Ces articles ne doivent pas être pris à la lettre; autrement on serait conduit à soutenir que l'obligation de la caution n'est que conditionnelle, ce qui est formellement contredit par les art. 2022 et 2023. La loi 16, § 6, ff *de fidejussoribus*, qui est invoquée par M. Delvincourt, nous paraît complétement étrangère au débat. Elle

______
(1) MM. Delvincourt, t. III, et Duranton, t. xviii, n° 331.

est relative à un fidéjusseur qui s'est engagé conditionnellement, tandis que nous nous occupons d'une
caution pure et simple. D'ailleurs, en notre matière,
il n'y a pas à conclure du droit romain à notre droit
actuel ; car nous croyons avoir démontré que les deux
législations diffèrent profondément.

Nous dirons donc que si la nature de l'obligation
principale n'exige pas la mise en demeure préalable,
il suffira que le débiteur ne paie pas, devant payer.
Ce seul fait rendra l'action recevable contre la caution (1). Forcer le créancier à apporter des pièces
justificatives constatant que le débiteur a été mis en
demeure, ce serait lui imposer arbitrairement une
procédure inutile (2).

112. Supposons maintenant la caution poursuivie
par le créancier. A quel moment devra-t-elle opposer
l'exception ? L'art. 2022 répond : *Sur les premières
poursuites dirigées contre elle.* Nous avons vu que,
dans notre ancien droit, il y avait controverse sur le
point de savoir si l'exception de discussion pouvait
être opposée en tout état de cause, et même en cause
d'appel.

La théorie du Code ressort clairement de ces paroles de M. Treilhard : « Cette exception est toute en
« faveur des cautions, et de là il résulte : 1° qu'une
« caution peut y renoncer ; 2° que les poursuites du
« créancier sont valables, si celle-ci ne réclame pas

____

(1) Troplong, n° 232, Zachariæ, t. III, p. 156. Ponsot, n° 33.
(2) M. Dalloz. Bordeaux, 18 août 1811.

8

« le bénéfice de discussion ; 3° que la caution doit
« réclamer ce bénéfice dans le principe, *toute excep-*
« *tion étant couverte par une défense au fond.* »

Sous le Code, M. Pigeau a encore soutenu qu'on
pouvait opposer l'exception pour la première fois en
appel. Mais cette opinion nous paraît difficile à concilier avec les derniers mots de l'art. 2022. Aussi
a-t-elle été condamnée par la jurisprudence, soit relativement à la caution, soit relativement au tiers
détenteur (1).

Le Code, comme le dit Malleville, a suivi la doctrine de Pothier, qui, dans le cas de poursuites judiciaires, n'admettait plus la caution à invoquer le
bénéfice, dès qu'elle avait déposé sur la barre, ou
signifié à la partie adverse des conclusions ou défenses
sur le fond.

113. Mais faut-il prendre à la lettre cette doctrine
de Pothier ? Faut-il s'en tenir au sens strict et judaïque
de l'art. 2022 ?

En un mot, la caution ne pourra-t-elle opposer
aucune exception avant celle de discussion ? Ne
pourra-t-elle jamais défendre au fond, sans qu'il y
ait forclusion à son égard ?

Nous rejetons cette interprétation restrictive de la
loi, et nous pensons que la caution pourra invoquer le
bénéfice de discussion, tant qu'on ne pourra pas
conclure de son silence prolongé, ou de quelque acte

____

(1) Bourges, 31 déc. 1830. Toulouse, 30 avril 1836. Cassation,
27 janvier 1839.

émané d'elle, qu'elle a voulu y renoncer. Telle a été, à notre avis, la pensée du législateur.

Dans la première rédaction de l'art. 2022, il n'était pas parlé du moment auquel le bénéfice de discussion devrait être opposé. Ce fut le Tribunat qui fit ajouter à la fin de l'article les mots : *sur les premières poursuites dirigées contre elle.*

« Si en effet, disait-on, différentes poursuites ont
« eu lieu contre la caution, sans qu'elle ait requis la
« discussion des biens du débiteur, *elle est censée*
« *avoir renoncé à la faculté* que la loi lui donne. Le
« créancier ne doit pas être le jouet du caprice de
« la caution; il doit pouvoir achever la route dans
« laquelle le silence de la caution l'a laissé s'engager. »

114. Le motif du législateur a donc été celui-ci : la caution a agi de manière à faire croire quelle avait renoncé à user du bénéfice, et sa conclusion : il est juste qu'elle ne puisse plus l'invoquer.

Cette présomption de renonciation ne pourra s'induire de ce que la caution n'aura pas immédiatement proposé son exception, après le premier acte de poursuite extrajudiciaire dirigé contre elle par le créancier. Les expressions de l'art. 2022 *sur les premières poursuites* laissent une certaine latitude, et nous acceptons comme un commentaire très-sage ces paroles d'un auteur : « La caution sera déchue du bénéfice lorsque,
« gardant le silence sur les poursuites faites contre
« elle, elle les a laissé pousser assez loin pour faire
« croire au créancier qu'elle renonçait à cette excep-
« tion, comme si elle a laissé vendre sur saisie-exécu-

8.

« tion ou sur saisie-brandon ; si elle a laissé pronon-
« cer la validité d'une saisie-arrêt faite sur elle ; si
« sur une saisie de biens-fonds, elle a laissé faire la
« notification. Autrement elle pourrait, après avoir
« fait employer par le créancier un temps fort long
« à faire ces poursuites, sans proposer la discussion,
« venir, en la proposant, retarder son payement, et
« convertir en subterfuge le bienfait que la loi lui
« accorde (1). »

Nous irions même plus loin que l'auteur que nous venons de citer, et nous accorderions à la caution le droit d'invoquer le bénéfice de discussion, même après qu'elle aurait plaidé la nullité de la procédure dirigée contre elle ; car on ne peut voir dans une pareille conduite l'intention de renoncer au bénéfice.

115. Passons à l'hypothèse de poursuites judiciaires et voyons quand la caution devra opposer son exception.

D'abord, il nous paraît incontestable que la demande de la caution *judicatum solvi* à l'étranger demandeur devra passer avant l'exception de discussion.

Quant aux exceptions de procédure, telles que les déclinatoires et les nullités, la question ne nous paraît pas non plus souffrir de difficulté. L'emploi préalable de ces exceptions ne saurait nuire à la caution. Cela résulte, non-seulement de l'ordre tracé en cette matière par le Code de procédure qui place les ex-

______

(1) M. Pigeau.

ceptions dilatoires après celles dont nous venons de parler, mais aussi de la logique et du bon sens.

La question ne devient délicate que si la caution a opposé quelque exception dilatoire, ou présenté quelque moyen de défense au fond.

Nous pensons que même dans ce cas, la caution ne sera pas nécessairement déchue du bénéfice de discussion; il faudra examiner s'il y a présomption d'une renonciation de sa part. Cette présomption ne pourra s'induire de la contestation élevée par la caution sur l'existence, la validité ou l'extinction de l'obligation principale, ni sur sa qualité de caution; car il faut évidemment que l'existence de la dette principale et du cautionnement soit avouée ou constatée pour qu'il y ait lieu d'opposer le bénéfice de discussion; nous en dirions autant du débat élevé sur le défaut de qualité du demandeur.

Mais il n'en serait plus de même si la contestation portait sur la quotité de l'obligation principale, ou sur l'étendue du cautionnement, car la caution aurait pu opposer le bénéfice, sauf à discuter plus tard l'étendue de son engagement, ou la quotité de l'obligation principale. Si elle a négligé le bénéfice que la loi lui accordait, elle en sera déchue, comme y ayant tacitement renoncé (1).

116. Ainsi, il ne serait pas exact de dire que toute conclusion au fond fasse perdre à la caution le droit d'exciper du bénéfice de discussion.

____

(1) M. Ponsot, n° 189.

On peut nous objecter que notre décision est manifestement contraire au texte de l'art. 2022, qui dit que l'exception doit être opposée sur *les premières poursuites*, et à l'art. 186 du Code de procédure, qui porte que : « Les exceptions dilatoires seront propo- « sées conjointement et avant toutes défenses au « fond. »

Nous répondrons que dans l'art. 2022, le législateur, en parlant des premières poursuites, a eu surtout en vue des poursuites extra-judiciaires, faites en vertu d'un titre exécutoire. La discussion et notamment les observations du Tribunat en font foi.

Quant à l'art. 186 du Code de procédure, nous le croyons inapplicable à l'exception de discussion. Si cette exception est dilatoire, elle n'est pas du moins au nombre des exceptions dilatoires qui rentrent dans les termes de l'art. 186. On ne comprendrait pas que la caution encourût la déchéance portée par cet article, si par exemple elle avait commencé par nier avant tout qu'elle fût caution, ce qu'elle peut faire de très-bonne foi.

Lui reprochera-t-on de n'avoir pas opposé d'abord le bénéfice de discussion? Mais opposer ce bénéfice, c'était avouer implicitement qu'elle était caution et s'enlever ce moyen de défense sur lequel précisément elle comptait. On la punira donc pour avoir suivi la seule marche logique et sensée. De pareils résultats montrent que l'art. 186 ne peut être appliqué ici. Il ne faut pas, du reste, trop se préoccuper d'un article qui est en contradiction avec les articles qui l'entourent, et auquel il est presque impossible de donner un sens raisonnable (1).

117. En définitive, pour savoir si la caution est déchue du bénéfice de discussion, il faudra toujours voir si son silence s'est assez prolongé pour faire présumer une renonciation, ou bien si elle a opposé quelque exception ou quelque défense au fond, qui soit inconciliable avec l'intention de demander la discussion des biens du débiteur.

Cette règle est peut-être en désaccord avec les termes stricts de l'art. 2022; mais elle nous paraît conforme à l'intention du législateur, telle qu'elle apparaît dans les documents relatifs à la confection du Code; et suivant le conseil qu'il nous donne lui-même (art. 1156), nous nous attacherons moins au sens littéral des mots qu'à l'esprit qui les a dictés; surtout si cet esprit est comme ici, en parfait accord avec la justice et le bon sens.

118. Notre règle nous servira à décider une question qui était posée par Pothier et qui est encore controversée aujourd'hui. Pothier voulait que la caution fût admise à invoquer le bénéfice en tout état de cause, quand les biens dont elle demande la discussion ne seraient échus au débiteur que depuis les conclusions prises au fond.

On a contesté le mérite de cette décision, sous le prétexte qu'elle entravera d'une manière assez préjudiciable les droits du créancier. Cela n'est pas tout à

(1) Boitard, Proc. civ, t. 1, n° 503, 504 et 505,

fait exact; sans doute le bénéfice de discussion est toujours une entrave pour le créancier; mais cette entrave est légère, puisqu'on lui avancera les deniers pour discuter le débiteur, et qu'on ne le renverra pas à discuter des biens litigieux. D'ailleurs, la caution ne peut être censée avoir renoncé à une exception qui n'est née que depuis ses conclusions au fond (1).

SECTION III. — *A quelles conditions la loi soumet-elle l'exercice du bénéfice de discussion?*

119. D'après la novelle 4, la caution ne pouvait se prévaloir du bénéfice de discussion, si le débiteur principal était absent. Cette exception, motivée par la procédure romaine, n'a plus de raison d'être chez nous, où il est aussi facile de discuter un individu présent, qu'un individu absent.

Mais il est d'autres conditions que la loi impose à la caution, afin que la discussion ne soit pas trop onéreuse pour le créancier. Ces conditions, au nombre de cinq, sont énumérées par l'art. 2023. Comme nous venons de le dire, elles ont pour but de restreindre la faveur faite à la caution, et de protéger les droits du créancier. Peut-être même le législateur a-t-il été un peu loin dans cette voie; car les conditions auxquelles il soumet le bénéfice de discussion

______

(1) Troplong, n° 256. Zachariæ, t. III, p 157. Contrà : Ponsot, n° 191. Duranton, t. XVIII, n° 337.

en diminuent beaucoup l'utilité et l'importance. Mais il a été dominé par cette idée que l'exception de discussion était une faveur faite à la caution, et que cette faveur, pour être légitime et conforme à l'équité, ne devait porter qu'une atteinte presque insensible aux droits du créancier. Si, en effet, la caution mérite, par les services qu'elle rend, toute la sollicitude du législateur, la position du créancier est assurément fort respectable et digne aussi de son intérêt.

1° En premier lieu, la caution doit indiquer les biens du débiteur qu'elle veut faire discuter.

La caution ne doit pas en effet profiter du bienfait de la loi, pour renvoyer le créancier à une discussion illusoire et arrêter mal à propos ses poursuites. Il faut en conclure que la caution d'un débiteur notoirement insolvable ne pourrait opposer le bénéfice de discussion ; l'indication des biens devra du reste se faire en une seule fois, comme le décidait Pothier ; car autrement il serait trop facile à la caution d'éterniser la discussion.

Suivant Pothier, le créancier devait, sans indication, et dès que le bénéfice de discussion avait été opposé, discuter les meubles qui se trouvaient au domicile du débiteur. Si cette discussion n'avait pas suffi pour acquitter la dette, ou si elle n'avait rien produit, ce qui devait être constaté par un procès-verbal de carence, alors la caution devait faire l'indication des biens. Le code n'a pas reproduit cette distinction. La caution devra, en opposant le bénéfice, indiquer les biens qu'elle veut faire discuter.

Ces biens peuvent être mobiliers ou immobiliers, hypothéqués ou non à la dette. Peu importe aussi qu'ils soient ou non suffisants pour remplir complétement le créancier de ce qui lui est dû. Si celui-ci n'est pas entièrement désintéressé par la discussion du débiteur principal, il aura son recours contre la caution.

2° La caution doit avancer les deniers suffisants pour faire la discussion.

Cette condition, généralement admise dans notre ancien droit pour les tiers détenteurs, était fort contestée pour les cautions. Elle est en effet très-dure et n'a pas passé sans résistance dans notre code. Dans la discussion, le tribun Goupil de Préfeln combattit vivement cette disposition, « Le cocréancier, disait-« il, n'est point assujetti à faire les avances de sa « portion des frais que fait son cocréancier pour « obtenir des condamnations contre leur débiteur « commun. Le codébiteur poursuivi n'a point d'ac-« tion contre ses codébiteurs pour les contraindre à « lui avancer les frais qu'il fait pour justifier leur « libération commune. Un défendeur qui a un ga-« rant ne peut exiger de celui qui lui doit garantie, « les avances des frais qu'exige sa défense. » On soumet donc la caution à une condition exorbitante, et cela, quand son accession au contrat a été aussi utile au créancier qu'au débiteur. De plus, le créancier ne serait-il pas obligé de faire l'avance des frais, si la caution n'opposait pas le bénéfice de discussion ? Pourquoi sa position serait-elle changée parce que la caution a invoqué l'exception? Et surtout pourquoi serait-elle améliorée? Car le créancier aura ainsi un moyen de se procurer de l'argent pour discuter le débiteur.

Le tribun Chabot répondit au tribun Goupil que le bénéfice de discussion était une faveur qu'on devait restreindre dans de justes limites ; que la caution obtenait par ce moyen un délai, et courait la chance d'obtenir sa libération ; qu'ainsi il était juste qu'elle fît l'avance des frais d'une discussion toute dans son intérêt ; qu'enfin cela avait déjà lieu dans l'ancien droit.

120. Le tribun Goupil avait élevé des objections d'un autre ordre, en faisant observer qu'une pareille condition entraînerait des difficultés assez graves, soit pour la fixation des avances à faire, soit pour savoir entre les mains de qui les deniers seraient déposés. Mais il fut répondu que le futur Code de procédure civile trancherait ces difficultés pratiques. Cette réponse satisfit le tribunat et la section de législation adopta, sans modification aucune, l'art. 2023. Lors de la discussion du Code de procédure, personne ne rappela la promesse faite par Chabot. Mais nous ne croyons pas qu'on doive beaucoup regretter cet oubli, car les difficultés ne nous paraissent pas sérieuses ; si l'on ne s'entend pas sur les avances à faire, les tribunaux en fixeront la quotité. Nous ne voyons pas d'inconvénient à faire verser les deniers dans les mains du créancier qui devra justifier de leur emploi.

Enfin, si celui-ci refuse de les accepter, la consignation en sera ordonnée (1).

L'objection grave à nos yeux, c'est qu'une condition aussi onéreuse empêchera beaucoup de cautions d'invoquer le bénéfice de discussion, et rendra ainsi illusoire en pratique le bienfait de la loi. Aussi l'art. 2023 nous paraît-il très-attaquable en législation.

Cette condition d'avancer les frais de la discussion nous paraissant déjà fort rigoureuse, nous chercherons à restreindre le sens de l'art. 2023, plutôt qu'à l'étendre. Nous déciderons donc que l'exception de discussion est recevable, quoique la caution n'ait pas fait tout d'abord l'offre des deniers suffisants pour la discussion. Elle n'est tenue de faire cette avance que si le créancier le requiert. Tel était l'ancien droit; et la Cour de cassation a rendu un arrêt dans ce sens le 21 mars 1827.

Remarquons, en terminant, que le Code a enchéri sur notre ancienne jurisprudence et sur Pothier, qui n'exigeaient l'avance des frais que pour la discussion des immeubles. L'art. 2023 ne fait pas de distinction.

3° La caution ne doit indiquer que des biens situés dans l'arrondissement de la Cour impériale du lieu où le payement doit être fait.

Cette condition a son origine historique dans notre ancien droit, et spécialement dans les Arrêtés de La-

---

(1) M. Ponsot, n° 201.

moignon ; c'est une conséquence de l'idée que la discussion ne doit être ni trop longue, ni trop difficile.

4° Les biens indiqués ne doivent pas être litigieux.

Cette condition a été dictée par le même motif que la précédente. Pour savoir quels biens sont litigieux, il ne faudra pas se reporter à la définition de l'art. 1700, fait pour un cas spécial. Il ne sera pas besoin qu'il y ait procès et contestation sur le fond du droit. Il suffira que le créancier ait à craindre pour ses poursuites la concurrence ou la contestation d'autres personnes. Ainsi on pourra regarder comme litigieux, les biens grevés de charges absorbantes, d'hypothèques nombreuses, de droits de résolution, les créances douteuses (1).

Engager le créancier dans de pareilles difficultés, ce serait retarder indéfiniment le payement auquel il a droit; on ne peut le contraindre à se contenter, pour toute monnaie, de procès et de droits non liquidés. *Ne alioquin pro pecuniá litem accipere cogatur* (2).

5° Enfin les biens indiqués doivent être en la possession du débiteur, lors même qu'ils seraient affectés par hypothèque au payement de la dette cautionnée.

C'est-à-dire, en d'autres termes, que la caution ne pourra renvoyer le créancier à discuter les tiers

____

(1) M. Troplong, Cautionnement, n° 266.
(2) Favre, c. 8, 6, 29.

détenteurs d'immeubles hypothéqués à la dette.
L'exercice du droit de suite n'a donc pas paru au
législateur une voie toujours assez prompte pour le
créancier de rentrer dans ses déboursés.

Cette disposition de la loi fut vivement attaquée
par le tribun Goupil. « Qu'importe, disait-il, que
« les biens se trouvent dans la possession de telle
« personne que ce soit, si, comme le projet le sup-
« pose, ils n'ont pas cessé d'être *hypothéqués à la*
« *dette*, et s'ils le sont encore?

« Sans cette hypothèque, la caution n'aurait pas
« consenti l'obligation à laquelle elle s'est soumise;
« et de caution simple, elle ne peut devenir cau-
« tion solidaire, ou, ce qui équivaut, elle ne peut
« être privée du bénéfice de discussion, par un acte
« qui est le fait d'autrui, qu'elle n'a pu ni prévenir
« ni empêcher, et qui ne change rien ni au sort, ni
« aux droits d'aucun des intéressés. »

« L'action hypothécaire, ajoutait-il, est foncière
« de sa nature, et pour l'exercer, il n'importe quel
« est le propriétaire actuel de l'immeuble hypo-
« théqué. »

Ces objections ne manquaient pas de force. Chabot y répondit en disant : Que la caution ne doit
pas avoir le droit de faire discuter le tiers détenteur,
parce que le créancier serait exposé *à une discussion longue et difficile.* « N'aurait-il pas des contes-
« tations sans nombre à soutenir et avec le déten-
« teur et avec les créanciers? Des demandes en
« désistement, des instances d'ordre, ne sont-ce

« pas là des procès ? Et pourquoi forcera-t-on le
« créancier à subir toutes ces longueurs et tous ces
« désagréments pour les intérêts de la caution (1). »
Ces motifs firent admettre le principe de l'art. 2023.

Le législateur ne se décida donc pas par cette considération que la caution est moins favorable que le
tiers détenteur. Cette idée ne fut pas même émise
dans la discussion. On a voulu seulement que le
créancier *ne payât pas trop cher le bienfait du
cautionnement.* Nous avons insisté sur cette disposition de l'art. 2023 et sur les motifs qui l'ont fait admettre, parce que nous en aurons bientôt besoin
pour appuyer notre opinion dans une importante
controverse.

121. Dans le cas où il y aurait plusieurs débiteurs
solidairement obligés à une même dette, la caution,
qui n'a cautionné qu'un seul de ses débiteurs, doit-
elle nécessairement indiquer des biens appartenant
à ce débiteur ?

Ce point, comme nous l'avons vu, était controversé dans notre ancien droit. Nous pensons qu'aujourd'hui la caution peut requérir la discussion de
tous les débiteurs ; car le motif d'équité sur lequel
repose le bénéfice de discussion, c'est qu'il est raisonnable que les débiteurs principaux paient sur
leurs biens leurs propres dettes, plutôt que la caution (2).

(1) *V.* Fenet, t. xv, p. 66 et suiv.
(2) M. Ponsot, n° 200.

On peut dire en outre avec Pothier : « Que l'o-
« bligation de tous ces débiteurs n'étant qu'une
« même obligation, en accédant à l'obligation de
« celui pour qui elle a répondu, la caution a en
« quelque sorte accédé à celle de tous. »

Le créancier qui prétend que la discussion n'a
rien produit, ou n'a produit qu'une somme insuffi-
sante pour le couvrir, doit évidemment, pour être
admis à exercer son recours contre la caution, lui
rapporter les pièces justificatives, telles que pro-
cès-verbaux de carence, d'adjudication, etc., etc.

122. Dans cette hypothèse d'une discussion
n'ayant produit qu'une partie de la somme due, il
peut s'élever une question d'imputation, dont la solution importe grandement à la caution.

Supposons que la dette soit de 10,000 fr., et que le
cautionnement ne porte que sur 5000 fr. Le créancier,
sur la demande de la caution, discute les biens du débiteur, qui ne produisent que 5000 fr. La caution
sera-t-elle libérée, ou bien le créancier pourra-t-il lui
demander les 5000 fr. qui restent encore dus ? La
question nous paraît facile à résoudre, et nous la ré-
soudrons contre la caution ; car évidemment le créancier, en acceptant le cautionnement partiel, a entendu que la caution répondrait jusqu'à concurrence
de 5000 fr. de la partie de la dette qui ne serait pas
payée. Un ancien arrêt du Parlement de Paris, du
3 août 1709, avait cependant jugé le contraire, sous
prétexte que le payement doit s'imputer sur la dette
la plus onéreuse, et que l'obligation contractée sous

un cautionnement est plus onéreuse que celle qui est contractée purement et simplement. Mais qui ne voit que la règle invoquée par l'arrêt est abusivement étendue à un cas pour lequel elle n'a pas été faite? Il n'y a pas deux dettes dans notre espèce; et prononcer la libération de la caution dans de pareilles circonstances, ce serait méconnaître complétement l'intention des parties et par conséquent violer les art. 1134 et 1156.

123. Autre question d'imputation. Une caution a cautionné une dette portant intérêts, mais n'a promis que le payement du capital. Le produit de la discussion des biens du débiteur devra-t-il s'imputer d'abord sur le capital, pour servir à la décharge de la caution, ou, au contraire, s'imputer, en premier lieu, sur les intérêts et ensuite sur le capital? Cette dernière décision nous paraît la plus raisonnable. Nous la trouvons appliquée dans le droit romain par la loi 68, § 1, d. *de fidejussoribus et mandatoribus*. Cette loi, malgré l'opinion contraire de Cujas et de Basnage, nous semble reproduire le droit commun, et non une faveur spéciale au fisc. L'équité et la logique nous portent à décider comme elle ; notre décision est une conséquence de cette règle de droit, empruntée à la législation romaine, qui veut que le payement fait par le débiteur sur le capital et les intérêts s'impute d'abord sur les intérêts. *Prius in usuras nummum solutum accepto ferendum* (1).

____

(1) L. 5, § 2, ff. De solut. et lib Art. 1254 du Code Nap.

Nous ne voyons pas de raison pour renverser ici les règles du droit commun, dans l'intérêt de la caution.

SECTION IV.—*Quand la caution a rempli les conditions qui lui sont imposées, qui doit souffrir de l'insolvabilité du débiteur survenue par la négligence du créancier à le poursuivre?*

124. Cette question s'était déjà élevée dans notre ancien droit; elle était fort controversée. Dans un sens, on pouvait citer l'autorité de Pothier et d'Henrys; dans l'autre, l'art. 192 de la coutume de Bretagne. Le législateur de 1804 a tranché la controverse dans le sens de la coutume de Bretagne, contrairement à l'opinion de Pothier, son guide ordinaire. L'art. 2024 est en effet conçu dans ces termes : « Toutes les fois que la caution a fait l'indication des « biens, autorisée par l'article précédent, et qu'elle a « fourni les deniers suffisants pour la discussion, le « créancier est, jusqu'à concurrence des biens indi- « qués, responsable, à l'égard de la caution, de l'in- « solvabilité du débiteur principal, survenue par le « défaut de poursuites. »

Cette disposition nous paraît parfaitement équi- table; elle fut cependant attaquée au conseil d'État, surtout à cause de l'autorité contraire de Pothier (1); mais il fut admis que, lorsque la caution avait indi-

(1) Fenet, t. xv, p. 20.

qué les biens à discuter et fourni les deniers suffisants pour cette discussion, le créancier devenait en quelque sorte son mandataire, et que l'acceptation de ce mandat tacite le rendait responsable de sa négligence à poursuivre le débiteur, qui devenait ainsi une faute.

125. La rédaction primitive de l'art. 2024 ne décidait pas d'une manière claire, si la responsabilité imposée au créancier lui incomberait, soit qu'il eût accepté spontanément les deniers fournis par la caution, soit que, sur son refus de les accepter, ces deniers eussent été consignés.

L'article portait que : « si le créancier avait *accepté* « les deniers pour la discussion des biens indiqués, « il serait responsable de l'insolvabilité survenue par « défaut de poursuites. »

Ce texte comprenait-il aussi bien l'acceptation forcée que l'acceptation volontaire? Le doute pouvait s'élever, et le premier consul, qui aperçut la difficulté, proposa qu'on fît une distinction.

« Mais, disait-il, si la caution, prévoyant l'insolva- « bilité du débiteur principal, se presse de requérir la « discussion, indique les biens, et, sur le refus que « fait le créancier de recevoir l'avance des frais, les « consigne, le créancier devra-t-il être la victime de « cette sorte de fraude? » Le premier consul deman- dait en conséquence que, dans cette hypothèse, la cau- tion demeurât responsable pendant les trois mois qui suivraient la réquisition de la discussion, l'indication des biens, et le payement des avances. Locré dit que

9.

cet amendement fut adopté et renvoyé à la section de législation. Mais la section n'a pas reproduit dans l'article définitif la pensée du premier consul ; elle a même rejeté implicitement toute distinction, en parlant des deniers *fournis* par la caution, et non des deniers *acceptés* par le créancier. Est-ce à dire que la caution pourra impunément commettre la fraude que redoutait le premier consul ? Non ; car les tribunaux, d'après les circonstances, décideront s'il y a eu négligence de la part du créancier, et si, par conséquent, il doit supporter l'insolvabilité du débiteur. Cette appréciation, laissée aux juges, nous semble bien préférable à une disposition législative qui, en posant un délai fixe pour tous les cas, aurait pu fort souvent se trouver contraire à la réalité des faits et qui, en prévenant une fraude de la part de la caution, en aurait peut-être fait naître de la part du créancier.

126. Quoi qu'il en soit, d'après l'art. 2024, la position du créancier sera profondément modifiée. Le bénéfice de discussion requis par la caution lui imposera des devoirs nouveaux, une vigilance dont il n'était pas tenu avant.

En effet, tant que la caution n'a pas rempli les conditions exigées par la loi pour qu'elle puisse opposer le bénéfice, le créancier peut impunément négliger de poursuivre le débiteur ; conformément à l'opinion de Pothier et au droit romain, la caution ne peut le forcer à agir. Mais cette *obligation d'agir* lui est imposée dès que la caution a indiqué les biens, et fourni les deniers pour la discussion. Son inaction devient alors une faute, dont la loi lui fait porter les conséquences.

Nous nous bornerons, pour le moment, à ces détails sur le bénéfice de discussion dont jouissent les cautions dans notre droit moderne. Nous aurons encore à y revenir dans notre troisième chapitre, en discutant quelques questions controversées. Mais il nous faut auparavant étudier le bénéfice de discussion accordé par notre Code aux tiers détenteurs.

127. Disons seulement, en terminant, qu'on peut appliquer au certificateur de caution tout ce que nous avons dit de la caution. Il joue en effet le rôle de caution, dans ses rapports avec la caution qui devient alors un débiteur principal. La renonciation de la caution au bénéfice de discussion ne saurait priver le certificateur de ce bénéfice. Il pourra même, si la caution n'a pas renoncé au bénéfice, renvoyer le créancier à discuter les biens du débiteur principal, en se prévalant de l'art. 1166 du Code Napoléon.

CHAPITRE II.

Du bénéfice de discussion accordé aux tiers détenteurs.

128. Les tiers qui détiennent un immeuble hypothéqué à la dette de celui qui le leur a transmis sont exposés à l'action du créancier, qui peut exercer contre
eux le droit de suite.

Ces tiers, obligés seulement *propter rem*, ont pu
souvent ignorer l'hypothèque ou le privilége frappant
le bien qu'ils ont acquis. Il serait donc bien rigoureux de permettre au créancier de les poursuivre
primo loco, tandis que le véritable débiteur de la dette
ne serait en butte à aucune poursuite. En outre de
ces motifs, puisés dans la faveur que méritent les
tiers détenteurs, il en est d'autres tirés de l'intérêt
public. Il importe, en effet, pour la prospérité d'un
État, que la circulation des biens ne soit pas entravée ;
et c'est ce qui arriverait infailliblement, si les créanciers pouvaient toujours actionner les détenteurs des
biens grevés à leur profit de charges réelles. La publicité étant fort incomplète dans notre régime hypothécaire actuel, très-peu de gens voudraient acheter
des immeubles, dans la crainte de s'en voir dépossé-

dés par un créancier inconnu qui n'apparaîtrait que pour provoquer l'expropriation.

Sans doute, la purge offre aux tiers détenteurs un moyen d'acquérir la sécurité pour l'avenir. Mais la purge peut être, en certains cas, désavantageuse aux tiers détenteurs.

Si, par une raison quelconque, ils ont négligé de s'en servir, est-il juste de leur refuser toute protection? Le législateur ne l'a pas pensé, et pénétré des motifs que nous avons donnés plus haut, il a voulu que la dette fût acquittée plutôt par le véritable débiteur que par ceux dont l'obligation est accessoire. Il a donc accordé le bénéfice de discussion aux tiers détenteurs, mais dans certains cas seulement, et sous certaines conditions. Il fallait, en effet, concilier l'intérêt légitime qu'inspirent les possesseurs, avec les droits non moins légitimes du créancier, afin que la faveur accordée aux uns ne causât pas à l'autre un trop grave préjudice.

129. Nous avons à examiner, comme pour le bénéfice des cautions, quatre questions différentes :

Quels tiers détenteurs peuvent opposer le bénéfice de discussion? Quand doivent-ils l'opposer? A quelles conditions la loi en soumet-elle l'exercice? Enfin, qui répond de l'insolvabilité du débiteur, survenue par défaut de poursuites, une fois les biens indiqués et les deniers fournis?

Seulement, notre tâche sera bien simplifiée, car le bénéfice accordé aux tiers détenteurs étant de la même nature que celui dont jouissent les cautions, le législateur, dans l'art. 2170, renvoie d'une manière générale aux règles posées au titre du cautionnement.

Nous renverrons, nous aussi, à notre chapitre premier, et nous nous occuperons uniquement des règles spéciales au bénéfice des tiers détenteurs, règles qui ont pour origine, soit la position particulière de ces tiers, soit la faveur relative dont le législateur les a jugés dignes.

SECTION I.—*Quels tiers détenteurs peuvent opposer le bénéfice de discussion?*

130. La loi du 11 brumaire an VII avait, suivant nous, supprimé le bénéfice de discussion que l'ancienne jurisprudence reconnaissait généralement aux tiers détenteurs. Le législateur de 1804, qui n'avait pas adopté le régime hypothécaire de la loi de brumaire avec ses conditions absolues de publicité et de spécialité, rétablit le bénéfice de discussion. Mais tout en le rétablissant, il subit peut-être un peu l'influence de cette loi, et il l'accorda d'une manière moins générale et avec des conditions plus rigoureuses que ne l'avait fait notre ancien droit. Deux articles seulement sont consacrés au bénéfice des tiers détenteurs. C'est d'abord l'art 2170, ainsi conçu :
« Néanmoins le tiers détenteur, qui n'est pas person-
« nellement obligé à la dette, peut s'opposer à la
« vente de l'héritage hypothéqué qui lui a été trans-

« mis, s'il est demeuré d'autres immeubles hypothé-
« qués à la même dette dans la posession du principal
« ou des principaux obligés, et en requérir la discus-
« sion préalable, selon la forme réglée au titre du
« cautionnement; pendant cette discussion, il est
« sursis à la vente de l'héritage hypothéqué. »

131. Nous voyons dans cet article, qu'il n'est pas
fait de distinction entre les tiers détenteurs qui ont
acquis à titre onéreux ou à titre gratuit. Donc un
acheteur, un donataire, un légataire, un coéchan-
giste pourront, en certains cas, opposer le bénéfice de
discussion; mais ils ne le pourront pas toujours.

Ainsi d'abord, le tiers détenteur, obligé personnellement à la dette, ne pourra se prévaloir du bénéfice. L'action personnelle jointe à l'hypothèque,
produit, comme disait Loyseau (1), une obligation
plus prégnante et plus prompte. De là, la maxime de
Bartole que nous avons déjà citée : Quoties personalis actio cum hypothecaria concurrit, neo divisioni
nec discussioni locus est.

132. En conséquence, nous déclarerons déchus du
bénéfice : le tiers détenteur qui, en vertu d'une
clause de son contrat d'acquisition acceptée par les
créanciers hypothécaires, se sera engagé à payer les
dettes inscrites.

Le tiers qui détient comme acquéreur de droits
successifs, comme légataire universel, ou à titre uni-

____

(1) L. 3, ch. viii, nᵒˢ 5 et 6.

versel, et même comme donataire, si une clause de la donation le charge d'acquitter les dettes.

133. Faut-il aussi refuser le bénéfice au tiers détenteur qui, hors la présence du créancier, s'est engagé vis-à-vis du vendeur, à servir les rentes hypothéquées sur l'immeuble? Nous le croyons, car le vendeur ayant recours contre l'acquéreur, il serait bien bizarre que ce dernier pût faire discuter celui qui a recours contre lui. C'était l'avis de Loyseau (1) et de Favre (2).

Du reste, la Cour de cassation a jugé par arrêt du 21 mai 1807, que dans l'espèce, le tiers détenteur était personnellement obligé et ne pouvait délaisser, d'après l'art. 2172. Il nous paraît y avoir identité de raisons pour lui refuser le bénéfice de discussion (3). Un héritier du débiteur est tenu *hypothécairement* pour le tout ; mais il n'est tenu *personnellement* que pour sa part et portion. S'il a payé cette part et portion, pourra-t-il, pour le reste, opposer l'exception de discussion ?

134. Loyseau et d'autres anciens auteurs, tels que Favre et Despeisses, enseignaient que dans aucun cas, l'héritier du débiteur ne pouvait délaisser, ni s'opposer à la vente de l'héritage par l'exception de discussion.

Pothier et Lebrun professaient une opinion con-

(1) Id. L. 3, ch. 11, n° 6.
(2) Code, lib. viii, t. vi, déf. 23.
(3) *V.* cependant M. Delvincourt, t. iii, p. 378, note 2.

traire à celle de Loyseau, en ce qui concerne le délaissement. Ils admettaient parfaitement l'héritier qui avait payé sa part de la dette, à se libérer du reste par l'abandon de l'immeuble. Mais, par une contradiction difficile à expliquer, Pothier ne voulait pas permettre à cet héritier d'opposer l'exception de discussion (1).

Cette contradiction a été reproduite de nos jours (2).

Mais la presque unanimité des auteurs décide avec raison que l'héritier, une fois qu'il a payé sa part personnelle de la dette, n'est, pour le surplus, qu'un tiers détenteur obligé *propter rem ;* et s'il est tiers détenteur pour faire le délaissement, pourquoi ne le serait-il pas pour opposer l'exception de discussion (3) ?

On objecte que le créancier pourra être ainsi renvoyé de l'un des héritiers à l'autre. Sans doute ; mais le créancier aura d'abord reçu la part personnelle de l'héritier qui le renverra à discuter les autres : on lui aura également fourni les deniers suffisants pour la discussion, et en définitive, il sera sûr d'obtenir son payement intégral.

De quoi se plaindrait-il ?

135. En second lieu, les tiers détenteurs ne peuvent opposer l'exception de discussion au créancier privilégié ou ayant hypothèque spéciale sur l'immeuble.

Ainsi le décide l'art. 2171.

(1) Sur la cout. d'Orléans, tit. xx, n° 35.
(2) M. Dalloz, Hyp., p. 319, n° 4.
(3) Chabot, art. 873 du C. Nap. Grenier, t. I, p. 388, n° 173. M. Troplong, Hyp., n° 798.

136. Les auteurs étaient fort partagés autrefois sur la question de savoir, si le bénéfice de discussion pouvait être opposé à un créancier ayant hypothèque spéciale. Loyseau, Brodeau, Favre, Despeisses, et autres, admettaient l'exception. Mais elle était refusée par Pothier, Basnage, Coquille et la plupart des coutumes, notamment Paris, art. 100 et Orléans, art. 136.

Le Code a suivi cette dernière opinion. On peut la justifier en disant que l'hypothèque spéciale est soumise à des conditions de publicité ; que l'obligation du débiteur est plus étroite ; que le tiers acquéreur était averti ; que rien ne doit donc arrêter l'action du créancier.

Ainsi l'exception de discussion ne pourra être opposée que contre des hypothèques judiciaires ou légales ; car ce sont les seules qui aient un caractère essentiel de généralité. En conséquence nous écarterons du débat toutes les hypothèques conventionnelles, qui sont spéciales et publiques.

137. Des auteurs très-recommandables (1) voudraient qu'on fît une exception pour l'hypothèque conventionnelle, qui porte à la fois sur les biens présents et à venir, et dont il est parlé dans l'art. 2130. En présence du principe contenu dans l'art. 2171, la question se réduit à savoir si cette hypothèque cesse d'être spéciale. Or la négative ne nous paraît pas douteuse ; car chacun des fonds qui adviennent au débi-

_____

(1) Grenier, t. II, n° 335. Tarrible, Répertoire, V° Tiers détenteurs.

teur, n'est grevé de l'hypothèque qu'autant qu'il est frappé d'une inscription, au fur et à mesure des acquisitions (art. 2130). De plus, toutes les conditions de la spécialité, notamment l'indication du montant de la créance et la désignation détaillée de l'immeuble hypothéqué, s'appliquent sans distinction, dans le cas d'hypothèque *convenue* sur les biens à venir, comme dans le cas d'hypothèque restreinte aux biens présents (art. 2148). C'est précisément là le caractère distinctif qui ne permet pas de confondre l'hypothèque spéciale avec l'hypothèque générale (1), et nous ne comprenons pas qu'on ait pu dire, en parlant de l'hypothèque de l'art. 2130 : *cette hypothèque, quoique générale, n'en est pas moins spéciale.*

138. L'art. 2171 porte que l'exception de discussion ne peut être opposée contre le créancier privilégié. Le Code n'a pas reproduit pour les priviléges la distinction qu'il a faite entre les hypothèques spéciales et les hypothèques générales; et comme nous ne pouvons distinguer où la loi ne distingue pas, nous dirons d'une manière absolue, que le tiers détenteur ne peut opposer l'exception à un créancier privilégié, que son privilége soit général ou spécial.

139. Avant de déterminer à quel moment le tiers détenteur doit se prévaloir du bénéfice de discussion, remarquons que ce bénéfice n'a pas lieu contre l'ac-

(1) Sic : MM. Delvincourt, t. III, p. 180, n° 7. Persil, sur l'art. 2171, n° 1.

tion en déclaration d'hypothèque, car il n'a d'utilité que pour empêcher la vente forcée ; mais qu'il aurait lieu, au contraire, lors même que l'hypothèque aurait été constituée à la charge que le créancier ne serait pas tenu à la discussion d'autres biens. Le bénéfice de discussion a été introduit en faveur du tiers détenteur ; lui seul peut y renoncer, et la convention intervenue à ce sujet entre le créancier et le débiteur est pour lui : *res inter alios acta.*

SECTION II. — *A quel moment le tiers détenteur doit-il opposer l'exception de discussion ?*

140. Nous ne répéterons pas ici ce que nous avons dit en parlant des cautions. D'après le texte de l'art. 2170, l'art. 2022 est applicable au tiers détenteur, et celui-ci devra, comme la caution, proposer son exception, sur les premières poursuites. Nous renvoyons aux développements que nous avons donnés sur ce point.

Nous nous demanderons seulement, si par ces mots : *les premières poursuites,* il faut entendre la sommation faite au tiers détenteur, en vertu de l'art. 2169, de payer la dette ou de délaisser l'héritage, sommation qui doit précéder de trente jours la saisie réelle.

Faut-il dire que cette sommation constitue le premier acte de contrainte, et que le tiers détenteur doit, immédiatement après, proposer son exception (1)?

Faut-il dire qu'il peut demander la discussion pendant le délai de trente jours qui lui est accordé pour préparer sa défense, et qu'il n'est déchu de son exception que par les poursuites subséquentes (2)?

Cette dernière opinion nous semble préférable; nous irions même plus loin, car, à nos yeux, la sommation prescrite par l'art. 2169 n'est pas précisément le premier acte de poursuite, mais plutôt un préliminaire de la poursuite, un avertissement juridique qui doit précéder la procédure en expropriation. Par conséquent, accorder au tiers détenteur jusqu'à la saisie exclusivement, c'est plutôt restreindre qu'augmenter le délai de la loi. On pourrait donc raisonnablement permettre au tiers détenteur de se prévaloir du bénéfice de discussion, tant que la saisie ne lui aura pas été notifiée.

141. Si le tiers détenteur s'oppose aux contraintes, et porte son opposition devant les tribunaux, il faudra faire les distinctions que nous avons faites précédemment pour la caution. Ainsi le tiers détenteur pourra, sans être forclos, opposer les exceptions de procédure, telles que les déclinatoires et nullités, le défaut de qualité du poursuivant, la demande de la caution judicatum solvi, et même certaines défenses au fond. Il pourra, par exemple, plaider la nullité de l'inscription hypothécaire, l'extinction de la créance par pre-

_____

(1) M. Troplong, n° 861.
(2) M. Persil, sur l'art. 2170, n° 9.

scription, novation, etc., mais non contester l'étendue de cette créance. En un mot, il pourra user du bénéfice de discussion, tant qu'il n'aura pas tenu une conduite, de laquelle on puisse inférer, de sa part, renonciation à ce bénéfice (1).

SECTION III.—*Quelles conditions doit remplir le tiers détenteur pour opposer le bénéfice de discussion?*

142. Le tiers détenteur doit d'abord, comme la caution, requérir l'exception de discussion; le juge ne pourrait ordonner d'office la discussion. Le tiers détenteur doit aussi fournir les deniers suffisants pour la discussion, et indiquer des biens du principal ou des principaux obligés. Ces biens doivent être situés dans le ressort de la Cour impériale du lieu où le payement doit être fait; il ne faut pas qu'ils soient litigieux, ou sortis de la possession du débiteur, quand même ils seraient hypothéqués à la dette.

143. Nous avons vu déjà toutes ces conditions imposées à la caution; mais il faut remarquer que pour l'indication des biens, il y a une différence notable entre la caution et le tiers détenteur. La caution peut en effet indiquer des biens mobiliers ou immobiliers, hypothéqués ou non à la dette, pourvu qu'ils soient en la possession du débiteur principal. Le tiers détenteur ne peut, au contraire, faire discuter que des immeubles, et des immeubles qui soient hy-

(1) Cass. 23 avril 1819.

pothéqués à la dette qui donne lieu à la poursuite hypothécaire.

Le Code est donc plus rigoureux pour le tiers détenteur que pour la caution. Mais cette rigueur est parfaitement justifiée par le respect dû aux droits du créancier. Ce dernier souffrirait, en effet, si le tiers détenteur pouvait le renvoyer à discuter des biens non hypothéqués à la dette. Car, le produit de la vente qu'il ferait de ces biens ne lui serait pas attribué par préférence. Il lui faudrait venir en concours avec les créanciers chirographaires; il a donc bien plus d'intérêt à faire saisir l'immeuble qui lui est affecté. Le même intérêt ne se présente plus quand c'est une caution qui oppose le bénéfice de discussion. La différence des positions explique la différence des conditions imposées par la loi.

144. L'ancien droit permettait au tiers détenteur de renvoyer le créancier à discuter les biens mobiliers ou immobiliers du débiteur, qu'ils fussent ou non hypothéqués à la dette. Notre Code a donc aggravé, sur ce point, la position du tiers détenteur poursuivi hypothécairement.

145. Mais l'a-t-il aggravé encore sur un autre point, en lui refusant le droit que lui accordait l'ancienne jurisprudence, de faire discuter les cautions?

Nous le croyons aussi; car l'art. 2170 ne permet au tiers détenteur d'opposer que la discussion *du principal ou des principaux obligés*, et nous ne pouvons comprendre les cautions sous ces termes. Du reste, la question est très-controversée; nous nous réservons de la discuter bientôt dans notre troisième chapitre, parce qu'elle se lie assez intimement à d'autres questions que nous examinerons en même temps. Le tiers détenteur ne peut opposer la discussion de biens hypothéqués à la dette et possédés par d'autres tiers détenteurs, lors même que leurs acquisitions seraient postérieures à la sienne; car au fond tous les tiers détenteurs sont tenus au même titre, à raison de l'hypothèque qui grève le bien possédé, et la date des acquisitions est de peu d'importance ici. Le droit des tiers détenteurs étant égal, on arriverait à des impossibilités, si chacun d'eux pouvait renvoyer le créancier à discuter les autres. Aussi l'art. 2170, conforme en ce point à l'ancien droit, exige que les biens indiqués par le tiers détenteur et hypothéqués à la dette, soient en la possession du principal ou des principaux obligés, ce qui exclut les biens possédés par d'autres tiers détenteurs.

SECTION IV. — *Une fois les conditions remplies, qui doit supporter l'insolvabilité résultant du défaut de poursuites de la part du créancier?*

146. Si le tiers détenteur a proposé et fait admettre l'exception de discussion en remplissant les conditions voulues, nous croyons qu'il faudra appliquer l'art. 2024; car il y a identité de motifs, et l'art. 2170 nous autorise à étendre aux possesseurs de fonds hypothéqués, les règles qui ont été édictées pour les cautions.

Si l'indication des biens a été faite et les deniers fournis, il intervient entre le possesseur et le créancier une espèce de contrat judiciaire qui institue ce dernier mandataire de celui-là. Si le créancier néglige de poursuivre le débiteur et le laisse devenir insolvable, il est en faute, car il exécute mal son mandat.

Comme réparation de cette faute, et à titre de dommages-intérêts pour le possesseur, la loi met à la charge du créancier l'insolvabilité du débiteur survenue par sa négligence. Cette disposition de la loi est de toute justice, et la caution et le tiers détenteur ont un égal droit à s'en prévaloir. Car, à ce point de vue, leur position est exactement la même.

147. Pour terminer ce qui concerne le bénéfice de discussion accordé par la loi aux tiers détenteurs, nous devons dire quelques mots de l'art. 1666.

Cet article porte que « l'acheteur à réméré peut « opposer le bénéfice de discussion aux créanciers de « son vendeur. »

Quelques personnes voient dans cet article un bénéfice de discussion *spécial*, opposé, non pas aux créanciers hypothécaires du vendeur, mais à un créancier quelconque venant, à la faveur de l'art. 1166, exercer l'action que le vendeur s'est réservée par le pacte de réméré, et réclamant la propriété de l'immeuble. Elles se fondent sur ce que l'art. 1666 doit avoir une portée et n'être pas une répétition inutile de l'art. 2170. Elles ajoutent que le bénéfice accordé à l'acheteur à réméré se comprend aisément; cet acheteur a en effet un intérêt d'affection à conserver l'immeuble qui est entre ses mains, et qu'il a peut-être beaucoup amélioré, dans la prévision qu'il lui resterait. Il peut donc dire aux créanciers qui viennent l'attaquer en exerçant l'action de leur débiteur : Peu vous importe sur quels biens vous serez payés, pourvu qu'en définitive vous obteniez votre payement. Moi, au contraire, j'ai un grand intérêt à conserver cet immeuble. Allez donc d'abord discuter les autres biens du vendeur et exercer ses autres actions, sauf à recourir contre moi, si vous n'êtes pas complétement désintéressés. Les créanciers n'auront rien à répondre à cette prétention; ils sont d'autant moins favorables dans cette espèce, que leur but est de profiter d'une plus value que le bien a acquise depuis la vente. N'est-il pas plus juste de faire profiter l'acheteur, que les créanciers du vendeur, de cette plus value?

148. Ces raisons, qui ne manquent pas d'une certaine force, ne peuvent cependant nous décider à embrasser cette opinion. En principe, aux yeux de tout le monde et aux yeux du législateur, l'acheteur à réméré est peu favorable; car son acquisition, faite dans une pensée de spéculation, cache le plus souvent une opération usuraire.

De plus, l'acheteur à réméré n'est propriétaire que sous condition résolutoire. Il a dû, en vertu du contrat, prévoir la possibilité d'une éviction.

Ces deux motifs suffisent pour expliquer l'art. 1666, et démontrer qu'il n'est pas une répétition inutile de l'art. 2170. Le législateur a cru devoir accorder for-

mellement à l'acheteur à réméré le bénéfice de discussion, parce qu'autrement on aurait pu le lui contester. En disant que cet acheteur pourra opposer le
bénéfice de discussion, il se reporte naturellement au
cas où il est attaqué par des créanciers hypothécaires.
Si telle n'avait pas été sa pensée, il aurait établi une
grave dérogation au droit commun; et cette dérogation aurait été exprimée d'une manière plus explicite.
Il était si facile de rappeler l'art. 1166. Le Code ne
l'a pas fait, et, en permettant à un acquéreur d'opposer la discussion à des *créanciers*, il nous autorise
à penser que ces créanciers sont ceux auxquels les
acquéreurs opposent ordinairement le bénéfice de
discussion, c'est-à-dire des créanciers hypothécaires.

Enfin, si l'art. 1666 établissait un bénéfice spécial,
il serait bien incomplet; car il ne parle pas des conditions de ce bénéfice; il ne dit pas quels biens pourront être indiqués, si l'acheteur à réméré devra fournir les deniers pour la discussion, etc. Et l'on serait
bien embarrassé de savoir s'il faut le compléter par
les règles portées au titre du cautionnement, ou par
les règles portées au titre des hypothèques, ou enfin
le soumettre à des règles particulières.

CHAPITRE III.

Du degré relatif de faveur entre la caution et le tiers détenteur, et de quelques questions qui s'y rattachent.

149. Nous avons jusqu'ici traité séparément des cautions et des tiers détenteurs.

Mais il est des circonstances dans lesquelles ces deux classes de personnes se trouvent en présence. Leur position présentant à certains égards beaucoup d'analogie, il n'est pas toujours facile de déterminer lequel de ces deux droits rivaux doit prédominer ; quelles sont les faveurs qu'on doit accorder à l'un et refuser à l'autre. Parmi les questions que soulève l'antagonisme de la caution et du tiers détenteur, nous nous proposons d'en examiner trois principales, qui se rattachent plus directement à notre sujet :

1° Le tiers détenteur peut-il renvoyer le créancier à discuter les biens de la caution ?

2° La caution est-elle subrogée contre le tiers détenteur, et le tiers détenteur contre la caution?

3° Le bénéfice de discussion est-il l'origine de l'art. 2037, et à quelles personnes faut-il accorder l'exception qu'établit cet article ?

Chacune de ces questions formera une section de notre chapitre troisième.

SECTION I. — *Le tiers détenteur peut-il renvoyer le créancier à discuter les biens de la caution?*

150. Nous avons déjà répondu à cette question négativement, dans notre deuxième chapitre; mais nous devons justifier notre solution, car elle n'est pas admise par tout le monde.

1° Les adversaires de notre opinion opposent d'abord le texte de l'art. 2170, et se fondent sur ces mots : *Dans la possession du principal ou des principaux obligés.*

Il est évident, disent-ils, que le législateur a entendu comprendre, sous ces termes, d'autres personnes que le débiteur principal. Par les mots *ou des principaux obligés,* il a voulu désigner les cautions.

Et cela se comprend parfaitement, car le lien personnel est plus étroit que le lien hypothécaire. La caution qui est personnellement engagée est donc un obligé principal vis-à-vis des tiers qui ne sont engagés que *propter rem*. Et réciproquement, les tiers détenteurs ne sont, dans leurs rapports avec la caution, que des obligés accessoires.

151. Nous ne pouvons accepter cette explication de l'art. 2170. Elle nous paraît en désaccord avec le langage ordinaire du législateur, et l'on peut, sans y

recourir, donner un sens plausible aux mots : *Principaux obligés*.

Ces termes, *débiteurs principaux*, *principaux obligés*, n'ont jamais désigné dans le Code que les personnes dans l'intérêt desquelles la dette a été contractée (1) ; jamais ils n'ont été employés pour comprendre à la fois le débiteur principal et la caution. Ils excluent même cette dernière qui est, en réalité et vis-à-vis de tous, un débiteur accessoire ; si le législateur eût voulu accorder le bénéfice de discussion contre la caution, il se fût exprimé, comme il le fait dans l'art. 1252 : *tant contre les cautions que contre les débiteurs principaux*. Tous les anciens auteurs qui admettaient la thèse contraire à la nôtre, avaient soin d'employer un langage plus clair ; ils appelaient les choses par leur nom, et jamais Domat, Dumoulin, Pothier n'ont compris cumulativement la caution et le débiteur principal, sous la dénomination de débiteurs principaux ; c'eût été heurter les principes du droit.

Vainement dira-t-on, que la caution, débiteur accessoire, quand on la compare avec le véritable débiteur, devient débiteur principal, si on la met en présence de tiers détenteurs (2).

Cette assertion ne s'appuie sur rien de solide. La caution n'est pas plus débiteur principal que le tiers détenteur. En réalité, tous deux sont des débiteurs

(1) V. par ex. les art. 1287, 1288, 1291, 2014, 2022, 2023, 2028, 2030, 2031, etc., etc.

(2) M. Troplong, n° 800 *bis*.

accessoires, puisqu'ils sont tenus pour la dette d'autrui. Sans doute, leur obligation n'est pas la même ; car la caution est tenue sur tous ses biens, le tiers détenteur, seulement sur l'immeuble qu'il possède. Mais faut-il en conclure que le lien personnel est plus étroit, qu'il est le principal? Nous ne le pensons pas; et les créanciers sont de notre avis, car ils préfèrent généralement exercer l'action hypothécaire.

Si le tiers détenteur est personnellement étranger à la dette, le fonds qu'il détient n'y est point étranger; et prétendre que la caution est un débiteur principal, le tiers détenteur un débiteur accessoire, c'est soutenir que les droits réels sont accessoires aux droits personnels.

152. Est-ce à dire que dans notre système les mots *ou principaux obligés* n'auront plus de sens? Non, assurément. Ils s'appliqueront, suivant nous, au cas où il y aura, par exemple, plusieurs héritiers du débiteur principal originaire, ou bien encore plusieurs débiteurs principaux solidaires; et cette explication est d'autant plus plausible que, dans notre ancien droit, des auteurs et des arrêts avaient refusé au tiers détenteur le droit de faire discuter les débiteurs solidaires autres que celui dont il tenait le bien. Le Code a voulu trancher la question en sens contraire; telle est la portée des mots : *ou principaux obligés.*

153. 2° On ajoute que dans l'ancien droit le tiers détenteur pouvait forcer le créancier à discuter les biens de la caution.

Nous le reconnaissons; mais en faut-il conclure

que le tiers détenteur a le même droit sous le Code? Sans doute, l'histoire et les précédents peuvent très-souvent servir à expliquer et à compléter la pensée du législateur.

Aussi avons-nous appuyé maintes fois notre opinion sur l'autorité de Pothier. Mais en ce qui touche le bénéfice de discussion du tiers détenteur, les rédacteurs de notre Code ont-ils reproduit aveuglément la pensée de Pothier et de l'ancien droit? Il est évident que non; car Pothier et l'ancien droit permettaient au possesseur de faire discuter tous les biens du débiteur et de la caution, *meubles ou immeubles, hypothéqués ou non à la dette.* Le Code veut que les biens, dont il requiert la discussion, soient des *immeubles hypothéqués.* Il a donc innové *quant aux biens* à discuter, pourquoi n'aurait-il pas innové quant aux personnes? La preuve qu'il l'a fait, c'est qu'au lieu de dire que le tiers détenteur pourra faire discuter les biens restés en la possession, *tant du débiteur que de la caution,* il n'a parlé que des biens possédés par les *principaux obligés.*

154. 3° Le législateur dans l'art. 2023 a refusé à la caution le bénéfice de discussion contre le tiers détenteur. Ne peut-on pas en conclure qu'il a ainsi déterminé l'ordre de préférence entre ces deux personnes? Le tiers détenteur lui a paru plus favorable que la caution : la logique l'a conduit à accorder le bénéfice de discussion au tiers détenteur contre la caution, quand il refusait à cette dernière la faveur inverse.

Cette objection serait d'un grand poids, si le législateur, en écrivant l'art. 2023, avait eu la pensée qu'on lui prête; s'il avait été guidé par l'intention d'être moins indulgent pour la caution que pour le tiers détenteur. Mais nous avons fait remarquer, en expliquant l'article dont il s'agit, que les rédacteurs du code avaient eu en vue uniquement les droits du créancier. Il n'a pas été dit un mot, dans la discussion, de la condition préférable du tiers détenteur ; on peut même affirmer que, si M. Chabot n'avait pas appuyé sur le respect dû aux droits des créanciers, on aurait accueilli l'opinion du tribun Goupil et accordé à la caution le droit de requérir la discussion des tiers détenteurs.

L'art. 2023, d'après l'historique de sa confection, nous semble donc plutôt favorable que contraire à la thèse que nous soutenons.

155. 4° Rationnellement, le tiers détenteur est préférable à la caution.

Nous retrouverons cette objection dans la question de la subrogation où nous chercherons à la réfuter. Disons seulement ici que la condition de la caution nous paraît au contraire plus intéressante que celle du tiers détenteur. Notre ancien droit avait peut-être admis l'opinion opposée, quoique cela soit contestable. Mais nous avons montré que la législation actuelle a, sur plusieurs points, restreint d'une manière notable la faveur accordée par l'ancien droit aux possesseurs d'héritages hypothéqués. Notre régime hypothécaire n'offre, il est vrai, qu'une publicité incomplète. Mais le nombre des hypothèques générales et occultes est cependant bien moins considérable que sous le régime qui a précédé la loi du 11 brumaire an VII. Et par là s'est affaibli un des plus puissants motifs de l'intérêt qu'inspiraient les tiers détenteurs à notre ancienne jurisprudence.

Au contraire, notre code a montré pour la caution une partialité qui nous semble parfaitement légitime. Il lui a accordé des faveurs toutes spéciales et exorbitantes du droit commun, notamment dans les art. 2028 in fine, 2038, et 2037. Ce dernier article qui, suivant nous, ne peut s'appliquer au tiers détenteur, n'est-il pas un argument irréfutable à l'appui de notre thèse? Ne serait-il pas bien bizarre et bien illogique que le tiers détenteur pût faire discuter les biens de la caution, quand celle-ci a, par avance, un droit acquis à l'hypothèque qui garantit la créance? Nous n'insisterons pas sur cette démonstration, pour ne pas anticiper sur l'explication de l'art. 2037.

156. Nous nous sommes efforcé de justifier notre opinion, en réfutant les objections par lesquelles on l'attaque. Il nous reste à faire valoir un dernier argument qui nous paraît très-puissant.

La caution, suivant nous, est subrogée contre le tiers détenteur; le tiers détenteur ne l'est pas contre la caution. Ces deux points sont très-controversés; nous chercherons à les établir dans la section suivante. Si nous y réussissons, si la solution que nous adoptons est conforme à l'esprit du Code, la question que nous venons de discuter ne sera-t-elle pas résolue par cela même, dans notre sens?

On peut comprendre en effet que la caution, quoique subrogée contre les tiers détenteurs, ne puisse renvoyer le créancier à les discuter, parce que cette discussion mettrait à la charge du créancier trop d'embarras et de longueurs.

Mais n'est-il pas contradictoire de soutenir que le tiers détenteur peut faire discuter les biens de la caution, quand cette dernière, si elle paye, sera subrogée contre lui?

N'y a-t-il pas une autre contradiction à accorder au tiers détenteur le droit de faire discuter la caution, et, d'un autre côté, à lui refuser tout recours contre elle, s'il a payé la dette?

Il existe donc un lien logique entre les deux questions que nous traitons dans nos deux premières sections. La solution de l'une entraîne la solution de l'autre dans un même sens, et ces deux solutions se prêtent ainsi un mutuel appui.

SECTION II. — *La caution est-elle subrogée contre le tiers détenteur et le tiers détenteur contre la caution?*

157. Nous avons encore à mettre en présence la caution et le tiers détenteur; mais il n'est plus question du bénéfice de discussion. L'un de ces deux obligés a payé la dette. Pourra-t-il exercer un recours contre l'autre? Quelle sera l'étendue de ce recours? Voilà la question.

158. Quatre systèmes peuvent se produire. On peut soutenir en effet :

1° Que le recours sera exercé par la caution contre le tiers détenteur, si c'est elle qui a acquitté la dette; qu'il le sera par le tiers détenteur contre la caution, si c'est celui-ci qui a payé.

2° Que le tiers détenteur est préférable à la caution, et qu'il faut lui accorder un recours contre elle, sans qu'elle en ait un contre lui.

3° Qu'il faut, au contraire, préférer la caution au tiers détenteur et lui accorder un recours contre lui, sans que celui-ci puisse invoquer contre elle le même droit.

4° Que la caution et le tiers détenteur sont d'égale condition, et que la répartition doit se faire entre eux par moitié, ou dans une autre proportion, suivant le système de répartition qu'or adopte.

159. Le troisième système est celui que nous nous proposons de soutenir. La caution doit être, à notre avis, préférée au tiers détenteur. En établissant cette thèse, nous combattrons, par là même, les trois autres systèmes. Car, si la caution est préférable, on ne peut ni subordonner ses droits au caprice du créancier, ni accorder un recours complet contre elle au tiers détenteur, ni la faire contribuer avec ce dernier.

La caution qui a payé est, comme on le sait, légalement subrogée aux droits du créancier, en vertu de l'art. 1251, 3°. Mais contre qui est-elle subrogée? Il ne suffit pas de la subrogation légale pour lui assurer un recours contre le tiers détenteur, car la question

est de savoir quelle sera l'étendue de cette subrogation.

Nous pensons que tous les tiers détenteurs qui
payent sont aussi subrogés, en vertu du 3° de l'article 1251 ; le 2° du même article, en accordant spécialement la subrogation à l'acquéreur qui emploie
son prix d'acquisition à payer les créanciers hypothécaires inscrits sur l'immeuble, ne nous paraît pas
avoir exclu implicitement tous les autres tiers détenteurs.

La caution et le tiers détenteur ont donc tous deux
le bénéfice de la subrogation légale. Mais peuvent-ils
l'exercer l'un contre l'autre ?

160. Généralement on prétend que le tiers détenteur est préférable à la caution, que, par conséquent,
il doit être subrogé contre elle, sans qu'on puisse admettre la réciproque. Passons en revue les arguments
qu'on invoque à l'appui de ce système ; car ce sont
autant d'objections contre le système que nous avons
adopté.

1° La preuve, dit-on, que le Code a entendu préférer le détenteur à la caution, c'est qu'il permet au
premier, dans l'art. 2170, de faire discuter la caution,
et qu'il refuse à celle-ci, dans l'art. 2023, le même
droit vis-à-vis du tiers détenteur. Cette préférence
admise, il est logique de mettre à la charge de la caution l'insolvabilité du débiteur principal.

Nous avons combattu le principe de cette objection
dans la section précédente, en démontrant que le tiers
détenteur n'a pas le bénéfice de discussion contre la

caution. Le principe étant détruit, la conséquence ne saurait subsister ; et nous pourrions nous dispenser d'insister davantage ; nous ajouterons cependant que, même en supposant vrai le principe, c'est-à-dire, le droit accordé au tiers détenteur de faire discuter les biens de la caution, il n'en résulterait pas nécessairement, à nos yeux, que la caution dût supporter complétement le fardeau de la dette, à l'exclusion du tiers détenteur.

161. 2° La caution est personnellement obligée ; en payant elle fait sa propre affaire et non celle du tiers détenteur, qu'elle ne libère qu'indirectement. Elle n'a donc pas contre lui une action de gestion d'affaires ; et, par conséquent, elle ne peut se prévaloir du bénéfice de la subrogation.

Cette objection est faite par ceux qui voient dans la subrogation, non pas la substitution d'un créancier à un autre, avec persistance de la même créance, mais la substitution d'une créance nouvelle de mandat ou de gestion d'affaires, à l'ancienne créance éteinte par le payement. Nous repoussons cette objection en repoussant le système sur lequel elle est fondée. Car nous voyons dans la subrogation une cession fictive de la créance primitive, et non pas seulement le transport des accessoires de cette créance à une créance nouvelle (1). Mais la même objection est reproduite avec quelques différences, par des au-

______

(1) Nous sommes obligé d'énoncer cette opinion, sans la justifier ; cela exigerait de trop longs développements.

leurs partisans du même système que nous, sur la subrogation. Ils se fondent alors sur l'équité, et prétendent qu'il serait injuste d'accorder à la caution le droit de s'indemniser sur le tiers détenteur du payement qu'elle a fait dans son propre intérêt. La dette hypothécaire n'est qu'un accessoire de la dette personnelle. La caution qui a payé ne peut pas plus recourir contre le tiers détenteur, que le débiteur principal ne pourrait recourir contre sa caution.

162. Nous avons déjà combattu cette opinion, qui consiste à voir dans la caution un débiteur principal, vis-à-vis des tiers détenteurs. Cette manière d'envisager la position réciproque de la caution et du tiers détenteur, ne nous paraît pas exacte. Au fond, tous deux répondent de la dette d'autrui, l'une, sur tous ses biens, l'autre, sur un ou plusieurs immeubles qu'il détient. Il y a sans doute, entre les deux positions, les différences qui résultent de la nature différente de l'action personnelle et de l'action hypothécaire. Mais ces différences ne suffisent pas pour constituer la caution débiteur principal, et le tiers détenteur, débiteur accessoire.

Sans doute aussi, la caution a fait sa propre affaire en payant ; mais cela n'empêche pas le Code de lui accorder un recours contre ses cofidéjusseurs. Pourquoi n'aurait-elle pas également un recours contre le tiers détenteur ? Si elle a, par son payement, libéré les cofidéjusseurs de l'action personnelle, elle a aussi libéré le tiers détenteur de l'action hypothécaire.

163. Comment, au reste, concilierait-on l'art. 2037

11

avec le système que nous combattons? Cet article déclare que la caution sera déchargée si la subrogation aux droits, hypothèques et priviléges du créancier, ne peut plus, par le fait de ce dernier, avoir lieu à son profit.

Dira-t-on que le créancier n'est tenu de conserver à la caution que le droit de préférence et non le droit de suite; que l'art. 2037 n'a rapport qu'aux hypothèques grevant les biens restés en la possession du débiteur ? Mais les termes de l'art. 2037 résistent énergiquement à cette distinction. Il faut alors supposer que l'art. 2170 contient une abrogation partielle de l'art. 2037. Mais une abrogation aussi importante aurait été mentionnée d'une manière formelle, et l'art. 2170 n'est rien moins que précis en ce sens. Ne serait-ce pas faire injure au législateur, que de supposer qu'il a porté dans l'art. 2037 une règle fort claire et fort générale, et qu'il a été ensuite enfouir dans un autre article, étranger à la matière du cautionnement, une exception qui détruit presque la règle de l'art. 2037.

164. Si une pareille explication est inadmissible, et elle nous paraît telle, on se trouve alors entraîné par le système que nous combattons, à ce résultat bizarre :

La caution s'est engagée peut-être, en vue de l'hypothèque; dans tous les cas la loi lui en garantit le bénéfice, puisqu'elle la déclare déchargée, si, par le fait du créancier, elle ne peut plus être subrogée à cette hypothèque. Et, d'un autre côté, cette hypothè-

que ne sera d'aucune utilité à la caution; car elle ne
sera pas subrogée contre le tiers détenteur, et celui-ci,
s'il paye, répétera de la caution ce qu'il aura été obligé
de payer.

Le créancier sera donc puni et, très-gravement,
pour un fait qui n'aura pas préjudicié à la caution.
Et celle-ci, qui peut sommer le créancier de faire
contre les tiers détenteurs des actes interruptifs de la
prescription, supportera ainsi des frais en pure perte;
car cette garantie dont on lui permet de surveiller la
conservation, dont on punit sévèrement la perte arrivée par le fait du créancier, cette garantie ne lui
sera d'aucun secours; elle lui est étrangère. En pres-
sant ce système, on accumule les résultats bizarres et
contradictoires (1).

165. En vain répondra-t-on, en invoquant l'autorité
de Pothier. Nous avons dit nous-mêmes précédemment
que Pothier accordait au tiers détenteur : 1° le bénéfice de discussion contre la caution; 2° le droit de recourir contre elle pour se rembourser de ce qu'il a
été obligé de payer. Et que, d'un autre côté (2), il reconnaissait que la caution est déchargée si le créancier a fait remise de l'hypothèque au tiers détenteur.

Le respect profond que nous avons pour l'autorité
de Pothier ne peut nous fermer les yeux sur de pareilles contradictions. Et, avec la meilleure volonté
du monde, nous ne pouvons admettre comme bon et

(1) Mourlon, Subrogations personnelles, p. 91.
(2) Oblig., n° 520.

11.

logique, le système qui les enfante. Citons encore un résultat de cette doctrine. Pothier accorde la subrogation à la caution contre le tiers détenteur, aussi bien qu'au tiers détenteur contre la caution. Donc celui qui paye aura, par la subrogation, son plein recours contre l'autre. Qui supportera en fin de compte l'insolvabilité du débiteur? Celui qui n'aura pas payé. Ainsi le caprice du créancier qui actionnera l'un plutôt que l'autre, déterminera sur qui, du tiers détenteur ou de la caution, doit retomber l'insolvabilité du débiteur. Elle sera à la charge de celui qui n'aura pas été actionné.

166. Un pareil résultat est inadmissible. Et cependant on peut nous reprocher d'y arriver, dans notre système, par la force de la subrogation. Car s'il est vrai que la caution soit subrogée, quand elle paye, contre le tiers détenteur, on nous dira : Ce dernier est aussi subrogé, de votre aveu même; donc il succédera, par cette subrogation, au droit qu'avait le créancier de se faire payer par la caution.

Cette objection n'a rien de décisif; car, plutôt que d'admettre le système qui met l'insolvabilité du débiteur à la charge de la partie qui n'a pas été poursuivie, nous ferions contribuer la caution et le tiers détenteur; nous établirions entre eux une répartition.

167. Mais ce moyen-terme, qui serait raisonnable, ne nous paraît pas être le système de la loi, et nous croyons qu'il faut refuser tout recours au tiers détenteur contre la caution (1).

(1) M. Ponsot, n° 284. M. Mourlon, p. 97.

Toutefois nous n'approuvons pas toutes les raisons données par les auteurs dont nous adoptons la doctrine.

Ainsi nous ne dirons pas que, « si le créancier est « payé avec l'argent provenant de la vente d'un im- « meuble hypothéqué, la caution est déchargée; que « son obligation de garantie n'a plus de cause, tout « ce qu'elle a promis ayant été pleinement et fidèle- « ment accompli (1). » Ce raisonnement nous semble vicieux, car la subrogation a précisément pour effet de perpétuer les obligations qui seraient éteintes par un payement ordinaire.

168. Voici, quant à nous, les motifs qui nous déterminent :

Le législateur a accordé à la caution, par l'article 2037, le privilége d'être déchargée, quand le créancier ne pourrait plus la subroger aux hypothèques qui garantissent la créance.

Cette faveur exceptionnelle, à laquelle le tiers détenteur ne participe pas, est une preuve que la caution est préférable aux yeux de la loi, et qu'on a voulu lui donner tous les moyens possibles de rentrer dans ses déboursés, si elle a été obligée de payer pour le débiteur. Le créancier est tenu de lui conserver les hypothèques; à plus forte raison ne peut-il empirer sa position, en transmettant à un tiers le droit de la faire contribuer pour le payement dé- finitif de la dette. En le faisant, le créancier nui-

____

(1) C'est un raisonnement que fait M. Mourlon.

rait autant à la caution que s'il avait fait remise de l'hypothèque au tiers détenteur. La caution aurait donc le droit de recourir contre le créancier, en vertu de l'art. 2037; car elle peut exercer le bénéfice que lui confère cet article, aussi bien par voie d'action que par voie d'exception. Et alors on se trouverait violer ce principe : que la subrogation ne peut jamais être invoquée à l'encontre des intérêts du créancier (1).

En résumé, deux personnes se trouvent en présence : la caution et le tiers détenteur. Il faut savoir laquelle sera sacrifiée. La question nous paraît résolue par la préférence marquée que la loi accorde à la caution dans plusieurs articles, et spécialement dans l'art. 2037.

169. Cette préférence, du reste, est parfaitement fondée; elle s'appuie sur de puissantes raisons d'équité et de justice.

La caution est éminemment digne de faveur.

Elle rend à la fois service, au débiteur, en lui procurant du crédit, au créancier, en lui fournissant des sûretés, à la société, en facilitant des affaires qui souvent ne se contracteraient pas sans son intervention. Mais en s'engageant, elle a compté, pour éviter de payer, ou se rembourser plus tard, sur toutes les garanties de la créance, notamment sur les hypothèques, et il serait bien injuste que le débiteur, en aliénant un de ses immeubles hypo-

____

(1) Art. 1252. C. Nap.

théqués, pût impunément enlever cette sûreté à la caution, et ruiner les espérances légitimes qu'elle a dû concevoir.

Les hypothèques qui garantissent la créance sont presque autant dans l'intérêt de la caution que du créancier. Aussi, la loi commande-t-elle à ce dernier de les lui conserver, et le punit-elle, s'il ne l'a pas fait (art. 2037).

170. Les tiers détenteurs méritent-ils donc tant de faveur, qu'on doive leur sacrifier la caution?

Examinons.

Et d'abord, le tiers détenteur aura pu souvent connaître l'hypothèque, et alors s'il court quelque danger, c'est qu'il a bien voulu s'y exposer.

A supposer même qu'il ait ignoré les charges réelles qui grevaient le bien, il avait toujours un moyen de pourvoir à sa sûreté.

Était-il acheteur? Il n'avait qu'à remplir les formalités de la purge. S'il a négligé de le faire, il est en faute, et par conséquent moins favorable que la caution, à qui l'on ne peut rien reprocher.

A-t-il acquis à titre d'échange? Il peut se soustraire à l'action hypothécaire en délaissant ; puis, il demandera la résolution de son contrat, et reprendra l'immeuble qu'il avait aliéné. Il ne perd donc rien; pourquoi le faire bénéficier aux dépens de la caution ?

Enfin, si le tiers détenteur est un donataire ou un légataire, on peut encore bien moins comparer sa condition à celle de la caution. La loi ne peut préférer celui *qui certat de lucro captando*, à celui *qui certat de damno vitando.*

Concluons de tout ce qui précède : que la caution est subrogée contre le tiers détenteur, et que celui-ci ne l'est pas contre la caution.

SECTION III. — *Le bénéfice de discussion est-il l'origine de l'article 2037? et à quelles personnes faut-il accorder le bénéfice de cet article?*

171. Nous avons eu déjà l'occasion de rencontrer plusieurs fois l'art. 2037 dans les deux premières sections de ce chapitre. Cet article est d'une grande importance. Il soulève beaucoup de questions qui ont été diversement résolues. Nous n'avons pas la prétention d'en donner l'explication complète, ce qui serait une tâche fort longue et fort difficile. Nous voulons seulement l'envisager à un point de vue qui se rattache directement à notre sujet. On a soutenu, en effet, que l'art. 2037 était une conséquence du bénéfice de discussion. Nous allons examiner si cette théorie est exacte, et s'il faut décider d'après elle, quelles personnes pourront se prévaloir de l'article dont il s'agit.

§ 1.

172. L'art. 2037 porte que : « la caution est dé-
« chargée lorsque la subrogation aux droits, hypo-

« thèques et priviléges du créancier, ne peut plus,
« par le fait de ce créancier, s'opérer en faveur de la
« caution. »

Quelle est l'origine de cet article?

Dans le droit romain, le *mandator pecuniæ credendæ* était libéré vis-à-vis de son mandataire, lorsque celui-ci s'était mis, par son fait ou par sa faute,
dans l'impossibilité de lui céder ses actions contre
l'emprunteur (1).

C'était l'application à un cas particulier, de la
règle commune à tous les contrats synallagmati-
ques, d'après laquelle la partie qui n'exécute pas
ses obligations, ne peut forcer l'autre à exécuter
les siennes.

Les fidéjusseurs différaient en ce point des *mandatores pecuniæ credendæ*, du moins quand ils s'é-
taient engagés purement et simplement.

On leur permettait, il est vrai, de repousser le
créancier par l'exception de dol, si celui-ci refusait
de leur céder ses actions et les sûretés qui en assu-
raient l'efficacité. Mais le créancier n'était tenu de
céder que les droits tels qu'ils se trouvaient au moment où il exigeait la dette; on ne le rendait pas responsable de la diminution ou de la perte de ces
droits, survenues par son fait, à une époque antérieure (2).

L'exception qu'on accordait au fidéjusseur était

(1) L. 95, § 11 ff. De solutionibus.
(2) L. 22 ff. De pactis. Loi 13, § 2 ff. De fidej.

fondée, en effet, non sur un droit rigoureux, mais sur ce principe d'équité : *Quod tibi non nocet et alteri prodest, facilè concedendum.* La fidéjussion étant un contrat unilatéral, le créancier avait reçu l'engagement du fidéjusseur, sans lui rien promettre en retour. Le créancier pouvait donc disposer, comme il l'entendait, des hypothèques et autres garanties qu'il avait stipulées dans son intérêt. Tout ce qu'on exigeait de lui, c'est qu'il cédât au fidéjusseur au moment du payement, les droits et actions qu'il avait alors, et dans l'état où il les avait.

173. Quand Justinien rétablit le bénéfice de discussion, nous pensons que par cela même le droit dut se modifier. L'empereur, en décidant que les cautions seraient tenues seulement d'une manière subsidiaire, décidait implicitement que le créancier n'aurait plus la même liberté qu'avant pour, disposer de ses actions ; car il ne pouvait, en rendant la discussion du débiteur principal inutile, enlever au fidéjusseur le bénéfice de la constitution. Du reste, suivant nous, Justinien par la novelle 4 assimila tous les fidéjusseurs aux *fidejussores indemnitatis*, et ces derniers pouvaient repousser le créancier, quand celui-ci s'était mis, par son fait, dans l'impossibilité de leur céder des actions utiles et efficaces. Ils avaient toujours suivi en ce point le même droit que les *mandatores pecuniæ credendæ.*

174. Faut-il en conclure que le bénéfice de discussion, introduit par la nov. 4, est l'origine de l'art.

2037 de notre Code? Nous ne le pensons pas, et voici, quels sont nos motifs.

Nous avons dit que notre ancienne jurisprudence avait profondément modifié le droit de la nov. 4. Les renonciations au bénéfice de discussion étaient devenues fort nombreuses; ce bénéfice, vu peu favorablement, s'était transformé en exception dilatoire; la pratique en avait tellement restreint l'utilité, qu'il n'était presque d'aucun usage pour les cautions.

Dans ces conditions, le bénéfice de discussion ne pouvait exercer une grande influence sur les règles de droit. Il était difficile d'en inférer la décharge de la caution, quand le créancier se serait mis par son fait, dans l'impossibilité de lui céder des actions efficaces. Aussi Bartole et Neguzantius soutenaient-ils que le créancier n'est pas tenu de conserver ses actions intactes à la caution.

175. Il faut arriver à Dumoulin, pour trouver la première trace de la doctrine qui a passé dans notre article 2037 : et cette doctrine s'introduisit alors, sous une toute autre influence que celle du bénéfice de discussion.

Dumoulin (1) considéra que les cautions, en s'engageant, comptaient, pour se rembourser plus tard, sur les garanties qui accompagnaient la créance; on avait admis par équité la cession des actions. Il voulut, par équité aussi, que cette cession fût utile, que le créancier ne pût, par son caprice, enlever à la

_____

(1) De usuris, quæst. 89, n° 680.

caution les sûretés sur lesquelles elle avait dû légi-
timement compter. La doctrine de Dumoulin fut
suivie par Loyseau et Pothier (1).

Ces auteurs ne l'appuient jamais que sur des considérations d'équité, sur la faveur due au cautionnement, sur les services qu'il rend, etc. Ils n'en font pas
une conséquence nécessaire du bénéfice de discussion. Aussi mettent-ils sur le même rang, les cautions
qui jouissent de ce bénéfice, et celles qui y ont renoncé
tacitement ou expressément. Dumoulin et Pothier
accordent aussi aux tiers détenteurs l'avantage d'être
libérés de l'action hypothécaire, lorsque le créancier
a renoncé à une hypothèque frappant sur d'autres
biens du débiteur. Ils ne distinguent pas si l'hypothèque était spéciale ou générale; si le tiers détenteur peut, ou non, opposer le bénéfice de discussion.
Mais ils distinguent si la caution s'était engagée, si le
tiers détenteur avait acquis, avant ou après la remise
faite par le créancier (2).

Cette exception était donc, dans la pensée des auteurs que nous avons cités, un complément de la subrogation, complément qu'ils admettaient, non pas
dans tous les cas de subrogation, mais dans ceux
seulement où l'équité l'exigeait, c'est-à-dire lorsque
la personne qui avait droit de requérir la subrogation
avait dû compter, pour la sûreté de son recours, sur
la garantie perdue par le créancier.

176. C'était si bien une règle fondée sur l'équité,

____

(1 et 2) Pothier, Obl , n° 520.

que Pothier ne rendait pas le créancier responsable de tous ses faits. Il n'accordait leur décharge aux cautions et aux tiers détenteurs, que si le créancier avait perdu une des garanties de la créance par son *fait positif*, si par exemple il avait fait remise de l'hypothèque, ou libéré volontairement un des cofidéjusseurs. Mais lorsque le créancier avait laissé perdre quelque droit d'hypothèque sur des biens de quelqu'un de ses débiteurs, soit en manquant de s'opposer aux décrets qui en avaient été faits, soit en manquant d'interrompter les tiers acquéreurs qui, ayant acquis sans la charge de l'hypothèque, en avaient prescrit la libération par la possession de dix ou vingt ans, il décidait que les codébiteurs solidaires et les fidéjusseurs ne pouvaient repousser ce créancier par l'exception *cedendarum actionum*. Le créancier ne répondait donc pas de sa *négligence*. Pothier n'osait pas aller jusque-là ; car les codébiteurs, fidéjusseurs, etc., n'avaient pas, suivant lui, un droit acquis à la conservation de toutes les garanties de la créance. Rigoureusement, le créancier n'avait contracté aucun engagement à leur égard ; si on le rendait responsable de son *fait positif*, c'est qu'alors on ne portait aucune atteinte à ses intérêts. Mais lui imposer une vigilance extraordinaire, mettre à sa charge les moindres négligences, c'eût été modifier profondément sa position, et dépasser de beaucoup la règle qui servait de point de départ à Pothier : *Quod tibi non nocet* ...... Ainsi, cette exception de décharge dérivait de la subrogation, mais n'en dérivait pas comme une conséquence forcée. La cession d'actions du droit romain n'était que la cession des actions, telles quelles. A son tour, la subrogation de notre ancien droit n'était que la reproduction de la cession d'actions du droit romain. Seulement, on avait vu de puissantes raisons de justice et d'équité à ce que le créancier ne pût disposer *volontairement* des garanties de la créance, au préjudice de ceux qui, en s'engageant, avaient dû compter sur ces garanties pour assurer plus tard leur recours. Ainsi restreinte, cette innovation était d'une grande utilité pour les codébiteurs solidaires, les fidéjusseurs et les tiers acquéreurs, et l'on peut dire qu'elle ne blessait pas les droits légitimes du créancier. Hâtons-nous d'ajouter que la décharge n'était prononcée que dans la limite du préjudice causé. Ainsi le créancier s'était-il mis hors d'état de pouvoir céder aux autres fidéjusseurs l'action qu'il avait contre l'un d'eux, en déchargeant ce fidéjusseur ou en laissant donner congé de sa demande contre lui ? Le créancier était exclu de sa demande contre les autres fidéjusseurs, non pour le total, mais pour la part pour laquelle ils auraient eu recours contre le fidéjusseur déchargé, si le créancier ne s'était pas mis hors d'état de leur céder son action contre lui.

Le Code a-t-il accepté la doctrine de Dumoulin, *telle* qu'elle était développée dans Pothier ? L'a-t-il admise dans toutes ses parties ? C'est ce que nous allons examiner, en expliquant sommairement l'article 2037.

§ 2.

177. Le Code a érigé en loi positive ce que Pothier regardait comme une règle d'équité. Cette règle, il l'a admise par faveur pour les cautions. Cela ressort clairement de la discussion dans laquelle il fut dit, en parlant du cautionnement : « Il augmente le cré- « dit ; il est utile à l'État ; *il doit donc être spéciale- ment protégé par la loi* (1). » L'art. 2037 a donc accordé une faveur spéciale à la caution. Le législa- teur a presque copié cet article dans Pothier, parce qu'il était touché des mêmes motifs que lui ; il n'a pas cru inscrire dans la loi un corollaire forcé du bénéfice de discussion ; mais à côté de ce bénéfice, il a voulu en placer un autre qui lui paraissait équita- ble, et qui devait former pour la caution, unes anction de la subrogation légale. Il a considéré que la caution ne s'engageait le plus souvent qu'en vue des hypo- thèques et autres sûretés de la créance ; il lui a sem- blé que le créancier promettait en quelque sorte taci- tement, au moment du contrat, de ne pas la frustrer de ses espérances, et il a interdit à ce créancier de renoncer, au préjudice de la caution, aux sûretés qui accompagnent la créance. Cette prohibition ne lui nuit pas ; elle ne blesse pas sensiblement ses intérêts. La loi concilie donc, par cette disposition, les droits du créancier et la protection qu'elle veut accorder à

(1) M. Goupil, Fen., t. XIII, p. 64.

la caution. Telle a été la pensée constante du législateur; on la retrouve dans tous les travaux préparatoires; elle est résumée par ces mots du tribun Lahary : « Le créancier ne doit pas ravir à la caution « *les moyens d'être indemnisée* du cautionnement « qu'elle a donné. »

178. Un auteur a vu (1) dans l'art. 2037 une conséquence du bénéfice de discussion ; nous avons cherché à établir que cet article avait une toute autre origine. Il nous faut maintenant combattre les déductions de ce que nous regardons comme une erreur. En effet, cet auteur, fidèle à son principe, n'applique l'art. 2037 qu'aux cautions qui ont le bénéfice de discussion. Il en prive les cautions qui ont renoncé à ce bénéfice, les cautions judiciaires, les cautions solidaires et les cautions commerciales. De plus, ce qui est parfaitement logique, il fait participer les tiers détenteurs à la décharge que prononce l'art. 2037, mais déclare cet article complétement étranger aux codébiteurs solidaires.

Avec un principe aussi tranché, il est facile de résoudre toutes les difficultés, ou plutôt on les supprime toutes. Pour savoir si l'art. 2037 est applicable à telle ou telle personne, on se demande : cette personne a-t-elle le bénéfice de discussion? Oui ; alors elle peut se prévaloir de l'art. 2037 ; sinon, non. Le bénéfice de discussion devient une véritable *pierre de touche*. Ce système simplifie donc toutes les ques-

(1) M. Troplong, Cautionnement, art. 2037.

tions, et nous serions heureux de pouvoir l'admettre; malheureusement il nous paraît en désaccord avec le texte de la loi, avec son esprit, avec l'intérêt public et avec les précédents historiques.

179. Voyons le texte d'abord. L'art. 2037 porte d'une manière générale : *La caution* est déchargée... Au premier abord, on se dit que : *la caution*, cela signifie toute caution, qu'elle ait ou non le bénéfice de discussion. De plus, la loi déclare *la caution déchargée, lorsque la subrogation* ne peut plus avoir lieu. L'art. 2037 est ainsi la sanction de l'art. 2029. La caution dont il est parlé dans l'art. 2037 est donc la même que celle de l'art. 2029 ; or ce dernier article accorde la subrogation légale à *la caution* qui a payé la dette ; le Code a voulu, tout le monde le reconnaît, accorder ce bénéfice de subrogation *à toutes* les cautions sans distinction. Pourquoi donc les mêmes termes, employés dans l'art 2037, n'auraient-ils plus le même sens ? N'est-il pas manifeste que, si le législateur avait entendu faire une distinction, il eût employé dans l'art. 2037 une formule moins vague ?

180. Ce sens littéral et presque évident de l'art. 2037 est du reste conforme à l'intention des parties, à l'équité et à l'intérêt public, toutes choses qui seraient profondément lésées par [le système contraire.

Si, en effet, une caution a renoncé au bénéfice de discussion, elle l'a fait sans doute parce qu'elle considérait la subrogation comme sa sauvegarde ; cette espérance est comme la condition tacite de sa renonciation au bénéfice. Il est juste que le créancier ne puisse pas le détruire méchamment ou par partialité pour un étranger. Enfin l'intérêt public exige que la caution qui s'engage solidairement, qui promet au créancier un payement plus prompt, ne soit pas laissée sans protection. Plus que toute autre, elle est utile au crédit : elle est donc digne de la sollicitude du législateur, et si elle a renoncé tacitement ou expressément au bénéfice de discussion, c'est une raison de plus pour lui assurer au moins l'exercice efficace de cet autre bénéfice qu'on appelle subrogation légale.

181. Restreindre arbitrairement le sens de l'art. 2037, c'est aller contre l'esprit de la loi, qui a fait en faveur des cautions plusieurs dérogations au droit commun, notamment dans les art. 2028 et 2038.

182. Enfin les précédents historiques, du moins ceux qui ont pu avoir de l'influence sur la rédaction du Code, autorisent notre explication et repoussent le système contraire. Pothier accordait déjà, et presque dans les mêmes termes, à tous les fidéjusseurs, qu'ils eussent ou non le bénéfice de discussion, le bénéfice inscrit dans l'art. 2037. Si le législateur, qui avait toujours Pothier sous les yeux, avait voulu rompre avec la doctrine de cet auteur, ou du moins accorder un bénéfice sur d'autres bases et avec d'autres applications, certainement il s'en serait expliqué d'une manière formelle.

C'est ce qu'il n'a pas fait ; nous appliquerons donc

l'art. 2037 à *toute* caution qui aura payé et notamment aux cautions solidaires (1).

183. En vain objecterait-on la nature de l'obligation solidaire, pour assimiler complétement la caution solidaire au débiteur solidaire. En vain, prétendrait-on que cette assimilation est prononcée par l'art. 2021 in fine. Nous écarterons en premier lieu cet article qui n'a pas la portée qu'on veut lui donner. Il contient trois propositions : 1° il établit en principe le bénéfice de discussion au profit des cautions ; 2° il prive de ce bénéfice la caution qui y renonce; 3° il assimile à une renonciation expresse au bénéfice de discussion, la clause de solidarité insérée dans l'acte.

Mais cet article ne peut avoir pour but d'assimiler, en tous points, la caution solidaire à un codébiteur solidaire. La clause de solidarité ne peut pas faire perdre au cautionnement son caractère accessoire. La caution est caution avant d'être caution solidaire ; *priùs est esse, quem esse tale.*

La caution, quoique solidaire, pourra, suivant nous, se prévaloir des art. 2028, 2038, 1294, et pour ne parler que du point qui nous occupe, nous ne comprendrions pas que la solidarité lui fit perdre le

(1) Sic : MM. Merlin, V° Solidarité, § 5. Toullier, t. VII, p. 172. Démante, t. III, n° 797. Duranton, t. XVIII, n° 382. Zachariæ, t. III, p. 165. Cassation, 17 août 1836, 14 juin 1841, 20 mars 1843 et de nombreux arrêts de cours royales. — Contrà : Troplong, Cautionnement. Rennes, 19 mars 1811, Rouen, 17 mars 1818, Colmar, 11 mars 1835. Limoges, 21 mars 1835. Bourges, 6 juillet 1837, etc.

bénéfice de l'art. 2037. En s'engageant solidairement, elle a bien voulu donner au créancier une garantie plus énergique ; elle a renoncé implicitement au bénéfice de discussion. Mais il n'en faut pas conclure qu'elle ait voulu abandonner aussi les ressources que la loi lui offre pour exercer un recours efficace, si elle a été contrainte de payer. Il nous semble que la conclusion contraire serait plus plausible.

184. Du reste fût-il vrai que le Code a voulu assimiler complétement la caution solidaire au codébiteur solidaire, cela ne nous arrêterait pas. La solidarité nous paraît si peu incompatible avec le bénéfice de l'art. 2037, que la loi, suivant nous, a voulu y faire participer aussi les codébiteurs solidaires.

Tel était l'avis de Pothier qui y voyait les mêmes raisons que pour les cofidéjusseurs. On peut dire en effet que : « Lorsque plusieurs personnes contractent une obligation solidaire, elles ne s'obligent chacune, au total, que dans la confiance qu'elles pourront avoir recours contre les autres, en payant le total (1). »

Chaque codébiteur solidaire peut être considéré comme une caution *sui generis*, pour tout ce qui excède sa part personnelle d'intérêt dans la dette. Aussi l'art. 1213 porte-t-il que : « L'obligation contractée solidairement se divise de plein droit entre

____

(1) Pothier, Tr. des obl.

« les débiteurs, qui n'en sont tenus entre eux, que
« chacun pour sa part et portion. »

Au surplus, le Code n'a-t-il pas formellement reproduit la doctrine de Pothier dans l'art. 1285 dont
les derniers mots portent que si le créancier a fait
remise à l'un des débiteurs solidaires, « il ne peut
« plus répéter la dette que déduction faite de la
« part de celui auquel il a fait la remise? »

Cet article n'est-il pas l'application aux co-débi-
teurs solidaires du principe de l'art 2037? N'a-t-il pas
été à peu près copié dans Pothier, qui s'exprimait
ainsi : « La dette est éteinte néanmoins pour la part
« de celui à qui la décharge est accordée, et l'autre
« ne demeure obligé que pour le surplus. La raison
« est, que si chacun devait le total, ce n'était qu'à
« condition que le créancier lui céderait ses droits
« et actions contre l'autre. Le créancier s'étant mis,
« par son fait, hors d'état de les céder contre celui
« qu'il a déchargé, l'autre n'en doit pas souf-
« frir, comme nous l'avons vu suprà, n. 520,
« page 67 (1). »

L'argument qui ressort du texte de l'art. 1285,
l'autorité de Pothier, et la presque identité de motifs, nous engagent à appliquer l'art. 2037 aux codébiteurs solidaires, quoiqu'ils ne soient pas compris textuellement dans cet article (2).

---

(1) Pothier, Obl., n° 581.
(2) Sic : Merlin, V° Solidarité, § 5. Toullier, t. VII, n° 172.
MM. Duranton, t. XVIII, n° 382, Zachariæ, t. III, p. 166. Ponsot,

185. Faut-il aller plus loin, et dire que le tiers détenteur peut exciper de l'art. 2037? Dans l'opinion qui rattache cet article au bénéfice de discussion, on permet au tiers détenteur de s'en prévaloir, mais seulement dans le cas où il peut opposer l'exception de discussion; c'est-à-dire si l'hypothèque qui frappe l'immeuble est générale, et porte sur d'autres immeubles restés en la possession du débiteur.

Observons en passant qu'il faudrait singulièrement torturer l'art. 2037, pour y faire entrer les distinctions que comporte cette doctrine. On peut donc affirmer que la loi n'a accordé nulle part, d'une manière formelle, aux tiers détenteurs, le bénéfice de l'art. 2037.

Voyons par quelles raisons on pourrait être conduit à une pareille extension; ces raisons doivent être bien graves; et nous n'avons admis qu'en hésitant les codébiteurs solidaires à se prévaloir de l'art. 2037, tant il nous paraît spécial aux cautions.

Au moins, avions-nous de puissants motifs pour faire cette sorte d'assimilation. Ces motifs existent-ils en ce qui concerne les tiers détenteurs?

Nous ne le pensons pas.

186. Et d'abord, ils n'ont pas contracté avec le créancier; la conservation des garanties de la créance n'a donc pas été la condition tacite de leur engagement; on ne retrouve plus ici les motifs qui mili-

n° 329. — Contrà : M. Troplong, n° 563. Cassation, 5 décembre 1843.

taient tout à l'heure en faveur des cautions. Le créancier n'a eu aucun rapport avec ces tiers détenteurs ; peut-être ignore-t-il l'acquisition qu'ils ont faite du bien hypothéqué à sa créance. Peut-on dire qu'ils ont été déterminés à cette acquisition par l'expectative de la subrogation légale ?

Cette supposition est inexacte à l'égard des acquéreurs à titre gratuit ; elle l'est aussi à l'égard des acquéreurs à titre onéreux, qui ont dû songer surtout à faire un bon marché, et à ne pas payer leur prix, tant qu'ils auraient à craindre une éviction.

187. Cependant l'opinion la plus générale admet sans distinction tous les tiers détenteurs au bénéfice de l'art. 2037 (1).

On se fonde sur l'art. 1251 3°, qui accorde au tiers détenteur la subrogation légale, et l'on dit que le créancier ne peut rien faire à l'encontre de ce bénéfice ; s'il a diminué l'utilité de la subrogation, il en devient responsable ; il doit réparer ce préjudice autant que faire se peut. On invoque en un mot les art. 1382 et 1383 ; on s'appuie même sur les art. 1147 et 1149.

En suivant ce système on serait forcément conduit à accorder le bénéfice de l'art. 2037 à toute personne qui a droit à la subrogation légale, ce qui nous paraît inadmissible ; et l'on ne comprendrait plus, pourquoi le législateur aurait pris la peine d'ac-

---

(1) Grenier, t. II,-p. 332 et suiv. Toullier, t. VII, n° 172. Dalloz, Hypothèques, p. 358. Zacharie, t. II, p. 209. Ponsot, n° 331. Battur, t. III, p. 609. Cassation, 23 janvier 1812.

corder formellement aux cautions leur décharge, dans l'hypothèse prévue par l'art. 2037, si cette décharge était une conséquence de la subrogation légale, un privilége commun à tous les subrogés.

188. L'opinion que nous combattons débute, ce nous semble, par une pétition de principe. On commence par dire que le créancier cause un dommage au tiers détenteur, en perdant les garanties de la créance, et qu'il est obligé de réparer ce dommage.

Mais la question est précisément de savoir, si le tiers détenteur a un droit acquis à ces garanties de la créance, si le créancier est tenu de les lui conserver; et nous ne voyons pas où est écrite cette obligation du créancier. La subrogation de l'art. 1251 n'est autre chose que l'ancienne cession d'actions; par elle-même elle n'impose pas de conditions au créancier; les tiers acquéreurs n'ont pas, du moment de leur acquisition, un droit acquis à toutes les sûretés dont le créancier se trouve alors nanti (1).

Si donc ce créancier a fait remise d'une hypothèque, il n'a fait qu'user de son droit. *Neminem lædit qui suo jure utitur;* et alors que deviennent le dommage causé et l'obligation de le réparer?

189. Si on nous oppose l'autorité de Pothier, qui accordait en effet aux tiers détenteurs le bénéfice de l'art. 2037, nous répondrons que Pothier avait soin de le dire expressément, et que le Code n'a pas voulu

____

(1) *V.* Dissertation de M. Dupret dans la Revue de droit français et étranger, 1845, t. II, p. 401 et 565.

reproduire sa doctrine, puisqu'on ne trouve nulle part une attribution formelle de ce bénéfice aux tiers détenteurs. Or, nous le répétons, une attribution formelle ou à peu près, est nécessaire; car l'art. 2037 ajoute au droit commun; ce n'est pas une conséquence, mais un complément, *un abus* de la subrogation légale. Le Code a cru devoir l'accorder aux cautions; il s'en est exprimé dans l'art. 2037; mais nous ne trouvons aucun article analogue pour les tiers détenteurs, et ce silence est d'autant plus significatif que Pothier, dans son Traité des hypothèques, après avoir parlé de l'exception de discussion, consacrait un paragraphe à l'exception *cedendarum actionum*. De plus, Dumoulin déclarait, quoiqu'il accordât l'exception aux tiers détenteurs, que cela faisait plus de doute pour eux que pour les cautions.

190. Remarquons enfin, que tant que les immeubles hypothéqués restent entre les mains du débiteur, le créancier peut impunément renoncer à une de ses hypothèques. Or, le débiteur ne peut, par l'aliénation d'un de ses fonds, changer la position du créancier ni transmettre plus de droits qu'il n'en a, à son acquéreur. Si le tiers détenteur a certains droits de son chef, la loi les lui accorde expressément. Tels sont : le bénéfice de discussion (2170), la faculté de délaisser (2172), de purger (2181 et suiv.), de prescrire par dix ou vingt ans (2180) (1).

(1) M. Duprel, Eodem.

La loi ne lui accorde nulle part l'avantage d'être déchargé, lorsque le créancier a renoncé à l'hypothèque qu'il avait sur d'autres biens restés en la possession du débiteur.

Nous dirons donc, que l'art. 2037 établit une faveur spéciale à la caution, et nous ne l'étendrons pas aux tiers détenteurs; pas plus que nous ne les ferions profiter de l'art. 2038 (1).

191. Quant à ce qu'on a appelé les *caulions réelles*, c'est-à-dire les personnes qui, sans s'obliger personnellement, affectent par hypothèque un de leurs immeubles au payement de la dette d'autrui, ce sont plutôt des tiers détenteurs que des cautions. Sans doute, on peut faire valoir en leur faveur quelques-uns des motifs qui militent pour les cautions. Mais l'art. 2037 est un article exceptionnel, qui ne peut s'étendre par des arguments d'analogie; et nous refuserons le droit de l'invoquer, aux cautions réelles, comme nous l'avons refusé aux tiers détenteurs (2).

192. Nous avons dit que la caution était déchargée quand le créancier ne pouvait plus, par son fait, la subroger dans les sûretés qui garantissaient la créance; par exemple, s'il avait déchargé un des co fidéjusseurs. Sur ce point, l'art. 2037 semble être en contradiction avec l'art. 1287 qui porte que « la décharge

---

(1) Sic : MM. Mourlon, p. 540. Dupret, Loc. cit. Cassation, 14 février 1816.

(2) Sic : Zachariæ, t. III, p. 166, note 4. Troplong, art. 2037. — Contrà : Mourlon, p. 517. Ponsot, n° 330.

« accordée à l'une des cautions ne libère pas les au-
« tres. » Il ne faut pas tenir compte de cette contradiction; car la rédaction de l'art. 1287 est très-vicieuse.
Lors de la discussion de cet article, les rédacteurs
avaient, sur les obligations des cautions et leurs rapports entre elles, des idées qui n'ont plus été repro-
duites au titre du cautionnement; ainsi M. Tronchet
disait : « que trois cautions prises pour le même en-
« gagement sont complétement étrangères entre
« elles. » On supposait les cautions tenues pour leur
part virile, et non pour le tout, sauf le bénéfice de
division, comme cela a été établi plus tard par l'article 2025. Aussi M. Defermon faisait observer : « que
« s'il pouvait arriver qu'une seule caution payât pour
« toutes, il ne serait pas juste de permettre qu'une
« des cautions pût être déchargée; » et M. Treilhard
répondait : « qu'il faudrait pour cela supposer les
« cautions solidaires et qu'elles ne le sont pas (1).

Le sens de l'article était donc que la décharge accordée à une caution ne libérait pas les autres, parce
que chacune était tenue pour sa part; la décharge
faite à l'une d'elles ne changeait rien à la position des
autres, puisqu'elles n'avaient pas de recours entre
elles. Cet alinéa 3 de l'art. 1287 énonçait donc un
principe peu nécessaire à formuler, et aussi peu contestable que celui de l'alinéa 2, ainsi conçu : « La
« remise accordée à la caution ne libère pas le débi-
« teur principal. »

_____

(1) Fenet, t. XIII, p. 86 et suiv.

Il faut par conséquent se garder de croire, que l'art. 1287 *in fine* contienne une restriction à l'article 2037, puisqu'il a été dicté par un principe qui a été rejeté dans l'art. 2025. Admettre cette restriction, ce serait donner à l'art. 1287 un sens auquel ses rédacteurs n'avaient pas songé le moins du monde; et l'on arriverait à ce résultat inadmissible, de placer les cautions pures et simples dans une position moins avantageuse, que les cautions solidaires; car ces dernières seront protégées par l'alinéa 2 de l'article 1285.

On peut cependant, suivant nous, appliquer la règle de l'art. 1287, dans le cas où la caution déchargée s'était engagée après les autres; cela s'accorde du moins avec notre manière d'entendre l'art. 2037. Au reste, tous les auteurs reconnaissent qu'il ne faut pas prendre à la lettre la disposition finale de l'art. 1287, les motifs, qui l'avaient fait admettre, ayant disparu.

193. Une question très-controversée est celle de savoir, jusqu'où s'étend la responsabilité du créancier. Pothier, comme nous l'avons vu précédemment, distinguait, entre le *fait positif* et l'*omission d'action*, la simple négligence. Il n'imputait pas cette dernière au créancier, et il en donnait deux raisons qui nous paraissent avoir conservé toute leur force : « 1° que « le créancier n'étant obligé à la cession de ses actions « que par une pure raison d'équité, n'ayant contracté « à cet égard envers les autres débiteurs et fidéjusseurs « aucune obligation précise de les leur conserver, il « suffit qu'il apporte à cet égard de la bonne foi, c'est-

« à-dire qu'il ne fasse rien de contraire à cette obli-
« gation, et il ne doit pas être tenu d'une pure négli-
« gence; 2° les autres débiteurs et fidéjusseurs ont
« pu, aussi bien que lui, veiller à la conservation du
« droit d'hypothèque qui s'est perdu ; ils pouvaient
« le sommer d'interrupter à leurs risques les tiers
« acquéreurs, ou de s'opposer aux décrets. » Le Code,
suivant nous, a reproduit la distinction de Pothier,
qui était le guide ordinaire des rédacteurs; comme
lui, il a parlé *du fait* et non de *la faute,* ce qui eût
compris à la fois l'action et la négligence.

194. En vain dira-t-on que l'art. 2037 porte seulement ces mots : *Par le fait,* et non ceux-ci : *Par le
fait positif,* et voudra-t-on conclure de cette *variante
affectée,* que le Code s'est écarté de la pensée de Pothier. Cette conclusion ne nous paraît pas suffisamment justifiée par la simple omission du mot *positif,*
que, du reste, Pothier lui-même n'accole pas toujours
au mot *fait.*

On objecte encore que le mot *fait* signifie, dans le
langage du Code, à la fois le fait positif et l'omission
d'action. Nous croyons pouvoir écarter encore cet argument; car le mot *fait* n'a pas un sens bien précis,
bien déterminé dans notre Code. S'il suffisait, pour
comprendre à la fois le fait positif et la négligence, si
ce sens était incontestable, la loi se serait gardée d'une
redondance inutile, et n'aurait pas ajouté le mot
faute au mot *fait,* notamment dans les art. 1042
et 1245.

Dans la discussion il n'a jamais été dit qu'on aban-

donnât le système de Pothier, et les différents ora-
teurs ont toujours semblé imposer une simple abs-
tention au créancier : « Il doit *s'interdire*, disait le
« tribun Lahary, tout ce qui tendrait à ravir au fidé-
« jusseur les moyens d'être indemnisé. »

195. Du reste la position de la caution n'est pas la
même dans les deux cas ; elle peut s'opposer à la
perte *par négligence*, en sommant le créancier de
faire des actes conservatoires. Si l'on objecte que c'est
lui imposer une surveillance difficile et quelquefois
impossible, nous répondrons que l'art. 2037 est un
article dérogatoire, fait en faveur de la caution, et
qu'il ne faut pas en étendre la portée au préjudice du
créancier. Si, par exemple, un créancier qui avait
déjà des hypothèques, stipule un cautionnement, il
nous paraît bien dur et bien bizarre, que cette adjonc-
tion de sûretés vienne empirer sa position, et lui imposer une vigilance à laquelle il n'était pas obligé auparavant ; évidemment le créancier, en multipliant
ses garanties, n'a pas eu en vue ce résultat (1).

196. La contradiction serait bien plus frappante,
si l'on appliquait l'art. 2037, même au cas où les
sûretés éteintes par la faute du créancier étaient postérieures au cautionnement. Mais nous repoussons
cette application ; car on ne peut plus dire, dans

______

(1) Sic : Toullier, t. vii, 172. Mourlon, p. 519. Agen, 26 nov.
1836. Caen, 3 juil. 1841. Dijon, 21 fév. 1842. Cass., 10 août 1814.
— Contrà : MM. Duranton, t. xviii, n° 382. Troplong, Cautionnement, n° 564 et suiv. Ponsot, n° 332. Zachariæ, t. iii, p. 165,
note 3, et la jurispr. de la Cour de cassation.

celle hypothèse, que la caution a été déterminée à s'engager par la considération de sûretés qui n'ont été acquises que plus tard ; on ne peut plus dire qu'au moment du contrat, le créancier s'est obligé tacitement à les lui conserver.

Notre décision était celle de Dumoulin, de Pothier (1) et de Basnage (2), et elle compte encore des partisans aujourd'hui (3).

Mais la majorité des auteurs (4) prétend que les termes de l'art. 2037 étant généraux, il n'y a pas de distinction à faire, et que, par conséquent, la caution sera déchargée, si le créancier a renoncé à une hypothèque stipulée par lui, postérieurement au cautionnement.

Le sens littéral de la loi peut sans doute être invoqué contre nous ; mais la lettre de la loi ne doit pas nous faire négliger son esprit, tel qu'il ressort des précédents historiques. Et puis n'est-on pas quelquefois forcé de compléter l'art. 2037 ?

Ainsi tout le monde reconnaît, quoique assurément l'art. 2037 ne fasse pas cette distinction, que la décharge accordée à la caution est une décharge tantôt partielle, tantôt totale (5), car elle est fondée sur le préjudice que lui cause le créancier en rendant la su-

(1) Obl., n° 557.
(2) Hyp., part. 11, ch , p. 113.
(3) Caen, 18 mars 1828. Cass., 17 janv. 1831, 12 mai 1835. Mourlon, p. 527.
(4) MM. Duranton, t. xviii, n° 383. Zachariæ, t. iv, p. 166. Pousol, n° 334. Troplong, art. 2037.
(5) Toulouse, 2 janvier 1823.

brogation impossible ; et la décharge prononcée contre ce dernier ne doit être encourue que dans la limite du profit que la caution aurait retiré de la subrogation dont elle a été privée.

Il ne faut donc pas argumenter du texte strict de l'art. 2037; et quand on ne voit pas dans la loi une pensée de restriction ou d'innovation, le commentaire de cet article nous paraît se trouver naturellement dans Pothier, qui en a été l'inspirateur, et, on pourrait presque dire, le rédacteur.

APPENDICE.

197. Sous l'empire de notre législation, comme dans le droit romain et notre ancien droit français, on rencontre des personnes qui ne peuvent être actionnées, qu'après la discussion faite par le créancier, des biens d'autres personnes. On peut citer comme exemples, les articles 920, 922, 923, 930, 1167, 952, 1054.

Dans toutes ces espèces que nous croyons inutile de formuler, ce n'est pas une exception de faveur, mais un droit rigoureux qu'invoquent les personnes intéressées. Ce droit ne peut donc être soumis à des conditions plus ou moins onéreuses, telles que l'indication des biens et l'avance des deniers suffisants pour la discussion. La loi dans toutes ces hypothèses a consacré des droits découlant des principes; elle n'a pas eu à régler l'exercice d'une faveur qu'elle accordait.

198. Il existe aussi quelques règles sur l'ordre dans lequel certains biens devront être discutés. Ainsi le Code, se conformant aux traditions de l'ancien droit, veut que les immeubles d'un mineur même émancipé ou d'un interdit, ne puissent être mis en vente, avant la discussion du mobilier. (Art. 2206). L'art. 2207 apporte une exception à cette règle.

Ainsi l'art. 2209 exige que le créancier ne poursuive la vente des immeubles qui ne lui sont pas hypothéqués, qu'en cas d'insuffisance des biens hypothéqués.

Nous n'insisterons pas sur ces différentes règles; nous espérons avoir suffisamment prouvé, dans le cours de ce travail, qu'elles sont en dehors du sujet que nous nous étions proposé de traiter.

TABLE.

3ᵉ PARTIE.

DROIT FRANÇAIS ACTUEL.

POSITIONS.

—o—

Droit romain.

1° La loi 36, ff De donat. inter virum et uxorem, se concilie parfaitement avec la loi 35, § 2. De rei vindicatione.

2° Le possesseur de bonne foi ne peut se faire tenir compte de ses dépenses même nécessaires, qu'au moyen de l'exception de dol, opposée lors de la revendication.

3° La loi 38. § I, De solutionibus, et la loi 3, § 12, ff De donat. int. virum et uxorem, ne peuvent se concilier.

4° Le bénéfice de discussion, quand il a existé dans le droit Romain, n'a jamais été opposé sous forme d'exception.

5° Il n'est pas exact de dire, qu'après la litis contestatio, tous les possesseurs sont dans la même position.

6° La loi 95, § 11, ff De solutionibus, contient un principe spécial au mandator pecuniæ credendæ, qui ne peut être étendu au fidéjusseur.

7° Lors-même que la donation à cause de mort est faite entre époux, il y a intérêt à distinguer, si le donateur a voulu que la propriété passât dès à présent au donataire, ou s'il a voulu qu'elle lui passât seulement au moment de sa mort.

Droit français.

1° Le tiers détenteur ne peut renvoyer le créancier à discuter les immeubles hypothéqués à la dette, qui se trouvent en la possession de la caution. (Art. 2170.)

2° La caution est subrogée contre le tiers détenteur ; le tiers détenteur n'est pas subrogé contre la caution.

3° Le bénéfice de l'art. 2037 du Code Napoléon doit être accordé aux cautions solidaires.

4° Le tiers détenteur ne peut se prévaloir du bénéfice de l'art. 2037.

5° Le prémourant des époux peut valablement léguer tous ses biens à son enfant mineur de 18 ans, sous la condition que le survivant n'en aura pas la jouissance.

6° On ne peut convenir, dès le principe, que les intérêts à échoir porteront intérêt, à l'expiration de chaque année.

Procédure civile.

7° Le bénéfice de discussion n'est pas une exception dilatoire, à laquelle on doive appliquer l'article 186 du Code de procédure.

Droit commercial.

8° Les commanditaires sont contraignables par corps, pour le versement de leur commandite.

9° Les cautions commerciales ne jouissent pas du bénéfice de discussion.

Droit criminel.

10° A l'égard du délit de diffamation, le désistement donné par le plaignant éteint l'action publique.

11° Le Français qui, après s'être fait naturaliser en pays étranger, y obtient son divorce contre sa femme demeurée en France, ne peut contracter en France un nouveau mariage, sans se rendre coupable du crime de bigamie.

Droit international.

12° Un ministre étranger ne peut invoquer le

principe d'exterritorialité, pour soustraire aux poursuites de la justice, un homme prévenu d'un crime
d'État.

13° L'art. 2 de la loi du 14 juillet 1819 doit s'appliquer, lors même que le défunt n'a laissé en France
que des meubles.

Histoire du droit.

14° Le droit de *maineté* a une origine celtique.

Vu par le président de la thèse, doyen de la faculté,

C.-A. PELLAT.

Permis d'imprimer :
Le 16 février 1853,

Le recteur de l'Académie,

CAYX.

www.ingramcontent.com/pod-product-compliance
Ingram Content Group UK Ltd.
Pitfield, Milton Keynes, MK11 3LW, UK
UKHW021925070726
13614UKWH00001B/256